Doris Reinthaler
Bibel-Fix 2

Kinderandachten - das hört sich nicht gerade nach dem letzten Schrei an, nicht nach megatrendigem »Edutainment«. Aber Kinderandachten sind genau das, was Mitarbeiter in der Gemeindearbeit suchen. Der Erfolg von »Bibel-Fix« beweist es.

Ein klarer Aufbau, eine pfiffige Idee zur Veranschaulichung jedes Bibeltextes, Anleitung zur größtmöglichen Einbeziehung der Kinder - all das und noch einiges mehr kam auch diesmal wieder in die »Tüte«. Neu dabei sind Liedvorschläge, Bibeltexte und ein etwas ausführlicherer Erzählteil.

Wir wünschen den »Köchen« gutes Gelingen beim »Anrühren« der Andachten und allen Beteiligten einen »gesegneten Appetit«!

Doris Reinthaler ist seit 25 Jahren teils haupt-, teils nebenberuflich in der Kinder- und Jugendarbeit tätig. Sie lebt mit ihrer Familie in Salzburg.

Doris Reinthaler

Bibel-Fix 2

55 Kinderandachten

R. BROCKHAUS

RB*taschenbuch Bd.* 558

Umschlag und Textillustrationen: Dietmar Reichert, Dormagen
Gesamtherstellung: Breklumer Druckerei Manfred Siegel KG
ISBN 3-417-20558-1
Bestell-Nr. 220 558

Dieses Buch ist gedruckt auf 100 % Recyclingpapier

INHALT

Teil

Das Geschenk

Ein kostbares Geschenk

Biblischer Bezug: Denn Gott hat die Welt so sehr geliebt, dass er seinen einzigen Sohn hingab, damit jeder, der an ihn glaubt, nicht zugrunde geht, sondern das ewige Leben hat. (Johannes 3,16)

Zielgedanke: Wir können Christus, Gottes Geschenk, zu unserem Verhängnis ablehnen oder zu unserem Glück annehmen.

Material: etwas Kostbares, z.B. ein Ehering

Du hast etwas mitgebracht, das für dich besonders wertvoll ist. Du zeigst es vorsichtig den Kindern und erzählst in kurzen Sätzen, warum das, was sie sehen, für dich eine Kostbarkeit ist.

»Dieses . . . ist für mich ganz kostbar. Und wisst ihr warum? Weil ich es von . . . geschenkt bekommen habe. Wisst ihr, dieser . . . hat mich ganz, ganz lieb und er wollte mir mit seinem Geschenk eine Freude machen.

Habt ihr auch einmal ein Geschenk bekommen, über das ihr euch ganz riesig gefreut habt? – Es ist toll, wenn man etwas geschenkt bekommt, findet ihr nicht?

Habt ihr schon mal jemandem ein Geschenk gemacht, über das sich der andere dann so richtig gefreut hat? Manchmal ist es ja sogar schöner, etwas zu schenken und jemandem eine Freude zu machen, als selbst etwas zu bekommen.

Jetzt überlegt einmal: Wenn jemand vor euch steht, in den Händen ein Geschenk für euch, und er sagt: ›Hier, das ist mein Geschenk für dich‹ – was tut ihr dann? –

Genau – ein Geschenk kann man annehmen oder ablehnen. Aber man wäre ja ganz schön dumm, wenn man ein schönes Geschenk ablehnen würde!

Und jetzt verrate ich euch etwas: Gott, der uns geschaffen hat, hat auch ein ganz besonderes Geschenk für uns. Wisst ihr, wie dieses Geschenk heißt? –

Ja – Jesus, sein Sohn, ist das Geschenk. Gott hat uns das Kostbarste geschenkt, was er hatte, weil er dich und mich ganz, ganz lieb hat. Er möchte, dass wir froh und glücklich sind. Daran können wir denken, wenn wir von Jesus hören oder ein Kreuz sehen oder einfach so an ihn denken. Ja, Gott hat uns alle lieb, gerade so, wie wir sind. Und darüber können wir uns ein ganzes Leben lang freuen.«

Liedvorschlag: Dass du mich einstimmen lässt

Auspacken nicht vergessen!

Biblischer Bezug: Allen aber, die ihn aufnahmen, gab er Macht, Kinder Gottes zu werden, allen, die an seinen Namen glauben. (Johannes 1,12)

Zielgedanke: Jesus ist Gottes Geschenk an uns, das wir annehmen und entdecken oder aber ablehnen können. Mit ihm gewinnen wir die Fülle des Lebens und einen festen Grund.

Material: eine Schachtel, wunderschön eingepackt, in der Obst, Süßigkeiten oder eine Nussmischung ist

Du holst von deinem Platz die wunderschön verpackte, große Schachtel.

»Dieses Geschenk habe ich für euch eingepackt. Bitte schön.«

Du stellst es vor dich auf den Boden.

Falls die Kinder nicht von alleine fragen, ob sie es auspacken dürfen, kannst du sie ermutigen: »Möchtet ihr es aufmachen und nachschauen, was drin ist?«

Ein oder zwei Kinder dürfen auspacken. »So, jeder von euch kann sich nun davon nehmen.« (Wenn die Andacht Teil eines Gottesdienstes ist, können die Kinder auch den Erwachsenen etwas bringen.)

»Seht ihr, Gott hat ein Geschenk für alle Menschen: das ist sein Sohn Jesus Christus. Aber bei einem Geschenk ist das so: Man kann es annehmen – oder man kann es ablehnen. Ihr habt mein Geschenk angenommen, und was habt ihr dann getan? –

Ja, ihr habt nachgeschaut, was drin ist! So ist das auch mit Jesus. Wenn wir wollen, dass er bei uns ist, müssen wir ihn auch in unser Herz und in unser Leben lassen. Das ist so ähnlich, als wenn wir ein Geschenk annehmen und auspacken. Denn nur so findet man heraus, was drin ist.

Es gibt Leute, die wollen sich nichts schenken lassen. Nicht von Menschen, nicht von Gott. Es gibt aber auch solche, die nehmen ein Geschenk an, dann stellen sie es irgendwo auf die Seite – und packen es nie aus. So machen es manche Menschen auch mit Jesus. Sie bitten ihn zuerst in ihr Leben, und dann lassen sie ihn einfach stehen. Vergessen ihn. Bemerken gar nicht, dass sie so nie erfahren werden, was für ein guter Freund er in ihrem Leben sein will.

Ich wünsche euch, dass ihr in eurem Leben Jesus als Geschenk Gottes annehmt. Aber nehmt es nicht nur an, sondern packt es auch aus, das heißt, findet selbst heraus, dass Jesus wirklich der beste Freund ist, den man sich nur wünschen kann. Für ihn ist alles möglich, er lässt uns nie im Stich.«

Liedvorschlag: Aus Buchstaben werden Worte

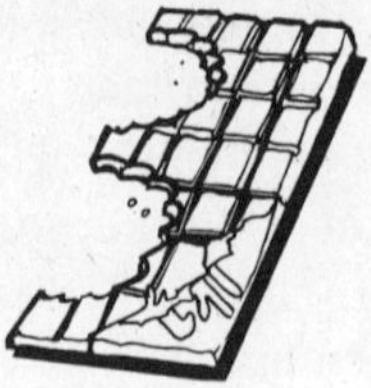

Richtig satt

Biblischer Bezug: Jesus antwortete ihnen: Ich bin das Brot des Lebens, wer zu mir kommt, wird nie mehr hungern, und wer an mich glaubt, wird nie mehr Durst haben. (Johannes 6,35)

Zielgedanke: Jesus stillt auf einzigartige Weise unseren Hunger nach erfülltem Leben.

Material: ein Laib Brot

Du breitest auf deinem Schoß ein Tuch o.ä. aus und legst einen Laib Brot darauf.

»Ich brauche euch ja gar nicht zu fragen, was das ist – oder? Natürlich – das ist ein Laib Brot. Wozu gibt es denn überhaupt Brot und auch anderes Essen? –

Ganz genau – damit man seinen Hunger stillen kann, d.h. sich so richtig satt essen kann.

Wisst ihr, wie das ist, wenn man Hunger hat? Wenn der Magen so richtig knurrt und einem fast schlecht ist? Also ich kenn das schon. Das ist nicht sehr angenehm.

Wisst ihr auch, dass es noch ganz andere Arten von Hunger gibt? Welchen Hunger kennt ihr denn noch? – Es gibt z.B. ›Lesehunger‹. Manche Leute haben aber auch Hunger nach einem netten Wort, manche hungern nach einem Freund, nach Liebe, nach Fernsehen, nach Eishockey-Schuhen, nach einer Marken-Jeans . . . nach Frieden, nach Gott. Und wisst ihr, was Gott sagt, was er mit unserem Hunger machen möchte? Er will uns richtig satt machen. Geht das denn überhaupt? –

Gott wäre nicht Gott, wenn er nicht die beste Möglichkeit für uns gefunden hätte, ein Geschenk, das jede Art von Hunger stillen kann.

Jesus Christus ist das Supergeschenk!

Nur - bei dem können wir nicht abbeißen wie bei einem Brot, denkt ihr euch jetzt vielleicht. Das brauchen wir auch gar nicht. Es genügt, dass wir ihn bitten, in unser Leben zu kommen und uns satt zu machen. Woher ich weiß, dass er das kann? Weil Jesus selbst sagt, dass er das Brot des Lebens ist. Und weil ich es selbst ausprobiert habe. Natürlich bekomme ich noch Hunger und muss essen, um am Leben zu bleiben. Aber mein Herz hat Jesus ›satt‹ gemacht. Er hat mir seinen Frieden geschenkt und mein Leben reich gemacht.

Gott allein kann Menschen wirklich glücklich, zufrieden und dankbar machen. Auch dich. Wenn man dankbar sein kann, dann ist man sozusagen satt. Ja, Gott möchte uns Freude schenken. Aber er möchte uns mehr schenken als einen Fernseher, eine Jeans, ein Video oder ein gutes Essen. Jedem, der ihn darum bittet, schenkt er seinen Frieden, echte Freude und unendliche Liebe. Und das Tollste daran ist, dass er uns so viel davon schenkt, dass wir mit anderen Menschen teilen können. Wir brauchen gar nicht mehr auf andere neidisch oder geizig oder gierig zu sein. Wir haben ja einen Freund, der uns immer wieder großzügig beschenkt!«

Liedvorschlag: Ins Wasser fällt ein Stein

Geschenkt und beschützt

Biblischer Bezug: Jakob, höre mich, höre mich, Israel, den ich berief. Ich bin es, ich, der Erste und auch der Letzte. Meine Hand hat die Fundamente der Erde gelegt, meine Rechte hat den Himmel ausgespannt; ich rief ihnen zu, und schon standen sie alle da. (Jesaja 48,12-13)

Zielgedanke: Gott hat alles geschaffen, sich und uns zur Freude. Deshalb wollen wir miteinander und mit der Erde sorgfältig umgehen.

Material: ein Globus

Du zeigst den Kindern den Globus und stellst einige Fragen dazu z.B.: Wie heißt so was? Was kann man damit machen? Wer braucht das?

»Der Globus stellt die Erde dar, auf der wir leben. Man findet Meere, Kontinente, Länder, große Städte . . . Möchte jemand von euch zeigen, wo unser Land liegt? –

Aber jetzt sagt einmal, wie gefällt euch eigentlich diese Weltkugel?«

Ihr betrachtet den Globus etwas genauer, sprecht über die Bedeutung der Farben, über Meere, Berge, fruchtbares Land und Wüsten . . .

»Ich finde so eine Weltkugel echt toll. Aber so wirklich Spitze ist es wohl, wenn man da oben im Weltraum ist, wie die Astronauten, dann sieht die Erde aus wie ein wunderschöner blauer Edelstein.

Aber auch von nahem betrachtet gibt es wunderbare Dinge auf der Erde. Was gefällt euch denn da ganz besonders?

Mir gefällt ungeheuer vieles auf dieser Welt. Aber wisst ihr, was ich ganz besonders mag? Das seid ihr! Kinder finde ich einfach wunderbar und prachtvoll!«

(Du zählst Einzelheiten auf, nicht nur Äußeres, sondern auch Wesensarten, Fähigkeiten, z.B. lachen, weinen, vertrauen . . .)

»Und jetzt stellt euch vor: Die Erde, den Himmel, alles, was man sich nur vorstellen kann, hat Gott geschaffen. Die riesigen Meere, die höchsten Berge, die kleinste Ameise – dich und mich! Einfach alles!

Und warum?

Er möchte, dass wir uns mit ihm über diese Welt freuen. Und damit wir uns lange daran freuen können, sollen wir gut auf sie Acht geben. Wie man das macht, habt ihr wahrscheinlich schon im Kindergarten oder in der Schule gehört (keinen Abfall auf den Boden werfen, möglichst wenig Müll machen, mehr zu Fuß gehen statt Auto zu fahren . . .).

Aber es ist nicht nur die Natur wichtig – wir Menschen sind es auch. Auch wir brauchen ›Umweltschutz‹. Was können wir denn für unseren ›Umweltschutz‹ tun?« (Füreinander beten und sorgen, liebevoll miteinander umgehen, teilen, ehrlich sein, hilfsbereit sein, nicht nur an uns selbst denken, höflich sein . . .)

»Probier das einmal aus! Dann merkst du, dass dabei etwas ganz Tolles passiert: Freude breitet sich aus! In dir und in deinem Mitmenschen. Doch das Beste daran ist – Gott selbst hat Freude an dir!

Wie wär's, wenn wir in der nächsten Woche einmal besonders daran denken, dass Gott die Welt geschaffen hat, damit wir uns an ihr freuen – und aneinander auch! Jeder von uns kann versuchen, einem anderen Freude zu machen – macht ihr mit?«

Liedvorschlag: Die Erde ist schön, es liebt sie der Herr

Du bist ein Wunschkind!

Biblischer Bezug: Gott schuf also den Mensch als sein Abbild; als Abbild Gottes schuf er ihn. Als Mann und Frau schuf er sie, und Gott segnete sie. (1. Mose 1,27)

Zielgedanke: Gott schuf den Kosmos, die Erde und alles, was auf ihr »kreucht und fleucht«. Ich bin »kein Kind des Zufalls« - bin gewollt und angenommen.

Material: Plastilin (Knetmasse) - wenn möglich für jedes Kind ein bisschen

»Spielt ihr auch so gerne mit Knetmasse? Ich habe heute für jeden von euch ein bisschen mitgebracht.« (Du teilst es aus und behältst einen Teil für dich.) »Ihr dürft jetzt euer Teil kneten und weich machen. Dann könnt ihr daraus eine kleine Kugel formen.«

(Während du sprichst, formst du die Kugel und leitest die Kinder dazu an.)

»So, meine ist fertig, eure auch?

Jeder von euch hat jetzt seine ganz eigene, besondere, einzigartige Kugel geschaffen. Die Kugel von . . . sieht ein bisschen anders aus, als die Kugel von . . . (usw.). Jede Kugel unterscheidet sich von der anderen, aber das Material ist dasselbe.

Auch wir Menschen unterscheiden uns von einander. Wir sind zwar nicht aus Plastilin, aber auch wir Menschen sind sozusagen aus dem gleichen ›Teig‹ geschaffen worden. Im Bauch der Mutter wächst ein Baby neun Monate, solange, bis es groß genug ist, um auf die Welt zu kommen.

Und jetzt stell dir vor: Schon bevor du im Bauch deiner Mama warst, hat Gott dich gekannt. Denn es ist Gott selbst, der alle Babys, alle Menschen, ja, die ganze Welt mit dem Himmel und den Sternen geschaffen hat und schafft. Gott freut sich über jedes Kind. Und jedes Baby, jedes Kind, jeder Mensch ist sein Wunschkind. Für Gott bist du wichtig und einzigartig. Warum einzigartig? Weil jeder Mensch sich vom anderen unterscheidet. Ihr braucht euch ja nur umzusehen: Manche haben eine andere Hautfarbe oder Haarfarbe, manche von uns sind klein, andere groß, einige dünn, andere dick, manche haben lange oder kurze oder keine Haare, braune, rote, blonde ...

Alle Menschen sind Gottes Geschöpfe und deshalb können wir in jedem Menschen Gott selbst sehen. Und weißt du was? Gott liebt dich nicht nur dann, wenn du besonders cool bist, oder tüchtig oder immer die beste Klassenarbeit schreibst. Er liebt dich ganz einfach, weil du du bist. Gott liebt dich mit deinen Stärken und mit deinen Schwächen. Du bist für ihn kostbar und darauf kannst du stolz sein!

Ein Baby wächst und wird von Tag zu Tag größer. Wenn du Gott in deinem Herzen Platz machst, wächst deine Liebe zu ihm und zu deinen Mitmenschen, das sind deine Familie, deine Freunde, die Menschen, denen du begegnest. Sie wird immer größer und stärker. Das ist wunderbar, denn dann hat Gott viel Freude an dir. Und das soll er auch haben, denn schließlich hat er dich ja geschaffen und lieb!

Wir können ihm dankbar sein, dass er uns das Leben geschenkt hat, auch wenn es nicht immer einfach ist. Er hilft uns auch und ist bei uns jeden Tag und jede Nacht. Das ist wirklich Grund zur Freude ...«

Liedvorschlag: Du bist du, das ist der Clou

Teil

Verloren und wieder gefunden

Der glückliche Finder

Biblischer Bezug: Wenn eine Frau zehn Drachmen hat und eine davon verliert, zündet sie dann nicht eine Lampe an, fegt das ganze Haus und sucht unermüdlich, bis sie das Geldstück findet? Und wenn sie es gefunden hat, ruft sie ihre Freundinnen und Nachbarinnen zusammen und sagt: Freut euch mit mir, ich habe die Drachme wiedergefunden, die ich verloren hatte. Ich sage euch: Ebenso herrscht auch bei den Engeln Gottes Freude über einen einzigen Sünder, der umkehrt. (Lukas 15,8-10)

Zielgedanke: Gott will, dass niemand verloren geht. Im Himmel herrscht deshalb unglaubliche Freude über einen Sünder, der umkehrt.

Material: Bibel, Terminkalender, Bleistift

Du kommst absichtlich zu spät.

»Ja, wo bleibt denn nur der . . .?«, fragt ein Mitarbeiter, der mit den Kindern auf dich wartet.

Da geht die Türe auf, du betrittst den Raum und eilst nach vorne. In der Hand hältst du deine Bibel, einen Terminkalender und einen Bleistift.

Während du nach vorne hastest, verlierst du den Kalender, »ohne es zu bemerken«. Sicher bemerkt es ein Kind und trägt dir den Kalender hinterher. Du bedankst dich und setzt dich zu den Kindern. »Ein Glück, dass . . . gesehen hat, dass mir mein Terminkalender hinuntergefallen ist. Ihr ahnt ja nicht, wie wichtig der für mich ist! Was da alles drin steht! Alle wichtigen Adressen usw.! Wenn der verloren gegangen wäre – schrecklich!

Aber glücklicherweise hat ihn . . . gefunden. Bin ich froh!

Ist einem von euch das auch schon mal passiert? Du hast etwas verloren und es gar nicht bemerkt? Wenn du es dann zu Hause merkst, ist es meistens zu spät. Du weißt nicht einmal mehr, wo du es verloren hast und wo du es suchen könntest . . .!

Aber jetzt verrate ich euch einmal etwas: Für Gott ist jeder Einzelne von uns viel, viel wichtiger als die wichtigsten Terminkalender der ganzen Welt. Das heißt schon etwas! Und er möchte auch nicht, dass wir verloren gehen! Seid ihr schon einmal verloren gegangen oder davongelaufen? Das ist nicht lustig, stimmt's? Ihr findet eure Eltern oder einen Freund nicht und seid verzweifelt, und die Eltern oder der Freund sind es auch und machen sich fürchterliche Sorgen. Natürlich versuchen sie alles, um euch wieder zu finden.

Manchmal passiert es sogar Gott, dass ihm eines seiner Kinder davonläuft! Kinder sind ja auch manchmal ganz schön dickköpfig. Kennt ihr das auch, dass ihr unbedingt euren Kopf durchsetzen wollt? Vielleicht tröstet euch das: Manchmal sind Erwachsene genauso und kein bisschen klüger. Sie wollen ihren Kopf durchsetzen und nicht auf Gott hören. Auch sie laufen manchmal Gott davon. Was meint ihr, was er dann macht? Einfach nur dasitzen und Däumchen drehen? Oder denkt er sich: ›Ist mir doch egal!?‹ Nein – ganz bestimmt nicht! Er macht sich auf die Suche nach seinem Kind, bis er es wieder findet.

Und wenn sich ein Menschenkind von Gott finden lässt – glaubt ihr, dass es von Gott geschimpft und bestraft wird? Nein! Gott freut sich einfach darüber, dass er sein Kind wieder hat. Und natürlich freut sich auch das wieder gefundene Kind! Die Engel im Himmel freuen sich und wir dürfen uns auch freuen. Unser Gott ist ein wunderbarer Gott, der Großes tut und verlorene Menschen sucht, bis er sie findet.«

Liedvorschlag: Ja, freuet euch im Herrn und jubelt immerdar

Knopf ab

Biblischer Bezug: Ich sage euch: Ebenso wird auch im Himmel mehr Freude herrschen über einen einzigen Sünder, der umkehrt, als über neunundneunzig Gerechte, die es nicht nötig haben umzukehren . . . Ich sage euch: Ebenso herrscht auch bei den Engeln Gottes Freude über einen einzigen Sünder, der umkehrt. (Lukas 15,7+10)

Zielgedanke: Gott sucht die Menschen, damit sie in Verbindung mit ihm leben, weil er sie liebt und sie für ihn kostbar sind. Ohne eine Beziehung zu Gott bleibt der Mensch unvollständig und verloren.

Material: Der Knopf eines Kleidungsstücks, das du trägst, oder ein Armband, ein Ohrstecker o.ä.

Während du die Kinder begrüßt, »bemerkst« du, dass dir ein Knopf (o.ä.) »verloren gegangen« ist.

»O weh, jetzt habe ich einen Knopf verloren. Kinder, entschuldigt mich bitte, aber ich muss diesen Knopf suchen. Wartet mal kurz – ich werde ihn sicher bald gefunden haben.«

Du gehst zurück, suchst überall deinen Knopf, während du weiterredest und erklärst:

»Ich komme gleich zu euch . . . Aber wisst ihr, dieser Knopf ist echt wichtig für mich. Ihr werdet euch vielleicht denken: Lächerlich, nur wegen einem Knopf macht er so ein Theater! Aber dieser Knopf ist einzigartig. Es gibt ihn nicht mehr zu kaufen, und nur er passt so gut zu dieser Jacke! So ein Jammer . . . ist er vielleicht dort unter der Bank? Nein. Unter dem Sessel? Auch nicht . . .«

Nach einiger Zeit findest du ihn (oder jemand anders findet ihn), freust dich riesig darüber, strahlst über das ganze Gesicht und gehst zu den Kindern zurück.

»Dass ich meinen Knopf wieder habe! – Sagt einmal, glaubt ihr eigentlich, dass ich mehr wert bin als ein Knopf?

Und ihr? Seid ihr mehr wert? Ja?

Ja! Ganz bestimmt.

Ihr seid noch viel wertvoller als der schönste Edelstein, denn: Dich und dich und dich und uns alle hat Gott geschaffen. Gott hat uns geschaffen, weil er uns lieb hat. Jeden von euch hat er genau so gewollt, wie er ist. Mit blonden oder braunen Haaren, mit einer schiefen oder geraden Nase, mit großen oder kleinen Ohren. Er hat dich unvorstellbar lieb, und du bist total kostbar für ihn.

Ist Gott für uns auch wichtig und kostbar? Ganz bestimmt! Gott ist das Wichtigste im Leben. Wenn wir zu ihm gehören, dann wird unser Leben gelingen. Es wird ein gutes Leben. Ein Leben, in dem wir wirklich glücklich und froh sein können. Mit Gott findet jeder Mensch seinen richtigen Platz im Leben.

Der Knopf hier ist nur ein kleines, unscheinbares Ding. Aber für die Jacke und auch für mich ist er sehr wichtig. Er hat eine oder vielleicht sogar mehrere Aufgaben – welche?

Jeder Mensch hat eine wichtige Aufgabe. Eine z.B. ist, dass wir einander Freude machen, aufeinander Acht geben. Niemand soll verloren gehen, so wie vorhin mein Knopf. Aber nicht nur wir selbst sollen aufeinander Acht geben. Gott kümmert sich auch um uns. Jesus sagt, dass Gott die Menschen sucht, die ihn noch nicht kennen und ohne ihn verloren sind wie ein Knopf ohne Jacke. Wenn er sie findet, freut Gott sich samt seinen Engeln im Himmel. Rundherum nichts als Freude und Jubel – Ist das nicht herrlich!?«

Liedvorschlag: Hände hab ich, um zu geben

Unermüdlich

Biblischer Bezug: Denn des Menschen Sohn ist gekommen, das Verlorene zu retten. Was meint ihr? Wenn jemand hundert Schafe hat und eines von ihnen sich verliert, lässt er dann nicht die neunundneunzig auf den Bergen zurück und sucht das verirrte? Und wenn er es findet - amen, ich sage euch: er freut sich über dieses eine mehr als über die neunundneunzig, die sich nicht verirrt haben. So will auch euer himmlischer Vater nicht, dass einer von diesen Kleinen verloren geht. (Matthäus 18,12-14)

Zielgedanke: Jesus gibt nicht auf, das Verlorene, Schwache, Hilflose zu lieben und zu suchen, bis er es findet.

Material: -

»Heute möchte ich euch von einem ganz besonderen Ring erzählen.« (Der Ring kann natürlich, je nachdem, was du selbst erlebt hast, durch etwas anderes ersetzt werden.) »Ich habe ihn bekommen, als ich ein Junge von ca. 15 Jahren war. Dass Jungen Ringe tragen, war etwas ganz Außergewöhnliches damals. Aber dieser Ring war auch außergewöhnlich. Er war aus Silber und hatte in der Mitte einen großen hellblau-leuchtenden Stein, einen Türkis. Solche Ringe kann man auch hier bei uns kaufen - doch diesen Ring hatte mir ein Freund aus Ägypten mitgebracht. Und nach Ägypten zu reisen war damals noch eine sehr aufregende Sache. Dieser Ring war für mich sehr kostbar. Nicht nur, weil er so weit gereist, aus Silber und mit diesem schönen

Stein verziert war. Dieser Ring hat mich daran erinnert, dass mein Freund auch dort in Ägypten an mich gedacht hat. Dieser Ring war ein Zeichen unserer Freundschaft.

Und eines Tages habe ich diesen Ring verloren. Ich weiß nicht, wann, ich weiß nicht, wo und nicht wie. Bis heute nicht. Und bis heute habe ich ihn nicht gefunden. Aber ich suche natürlich auch nicht mehr. Ich kann ja nicht jahrelang suchen.

Was macht denn ihr, wenn ihr etwas verliert?

Genau das habe ich auch gemacht! Ich habe den Ring überall gesucht – in meinem Zimmer, in der ganzen Wohnung, in der Schultasche, in der Schule –, überall habe ich danach gefragt. Aber ich habe ihn einfach nicht gefunden. Ich war sehr, sehr traurig darüber, und wie ihr seht, habe ich ihn auch nicht vergessen. Den Freund nicht und den Ring nicht. Aber das ändert nichts an der Tatsache, dass der Ring verschwunden bleibt.

Ich kenne jemanden, der hatte eine Schafherde. Mit dieser Herde war er unterwegs. Und plötzlich fiel ihm auf, dass eines seiner Schafe nicht mehr da war. Offensichtlich hatte sich eines verlaufen und verirrt. Der Hirte wusste sofort, welches es war, denn es war ein besonders kleines und junges Schaf, das noch nicht viel Erfahrung hatte. Er rief seine Hunde, damit sie auf die anderen Schafe aufpassten, und marschierte los, um das verlorene Schaf zu suchen. Er suchte lange. So lange, dass er eigentlich hätte aufgeben können. Er hätte zu den anderen zurückkehren können und sich dabei denken: Pech gehabt, sorry – leider hab ich's nicht mehr gefunden. Armes Schaf – und tschüs.

Aber wisst ihr, was er getan hat? Könnt ihr es euch vorstellen?

Er hat weitergesucht. Bergauf, bergab. Er hat es gerufen, nach ihm gepfiffen, seine Spuren gesucht. Und nach langer Zeit hat er es wirklich gefunden. Er hatte es nicht aufgegeben. Er hatte so lange weitergesucht, bis er es wieder gefunden hatte. Und da war die Freude natürlich riesengroß! Der Hirte hat sich riesig gefreut, das kleine Schaf hat sich riesig gefreut, denn es hatte schon

Angst bekommen, so allein wie es war, und die anderen Schafe haben sich auch riesig gefreut.

Ratet mal, wer dieser Hirte ist?!

Und wer sind die Schafe?

Jesus sagt: ›Ich bin gekommen, das Verlorene zu retten.‹ Wir brauchen keine Angst zu haben. Auch wenn wir uns verlaufen – Jesus sucht uns, bis er uns findet. Er gibt nicht auf, so wie ich bei meinem verlorenen Ring aufgegeben habe. Er sucht das Verlorene und rettet es. Auch dich und mich.«

Liedvorschlag: Der Herr ist mein Hirte

Teil

Gott sieht das Herz

Außen hui - innen pfui?

Biblischer Bezug: Denn wir predigen nicht, um euch irrezuführen, in schmutziger Weise auszunutzen oder zu betrügen, sondern wir tun es, weil Gott uns geprüft und uns das Evangelium anvertraut hat, nicht also um den Menschen, sondern um Gott zu gefallen, der unsere Herzen prüft. (1. Thessalonicher 2,3-4)

Zielgedanke: Es kommt - auch für Gott - nicht darauf an, was wir zu sein scheinen, sondern was wir sind. Gott kennt unser Herz, und es geht darum, ihm zu gefallen.

Material: Eine präparierte, faule, aber nach außen hin schöne, große Nuss, eine kleinere, nicht so schöne Nuss, die aber innen gut ist

Du hältst in jeder Hand eine Nuss und zeigst sie den Kindern.

»Schaut einmal, ich habe euch hier zwei wunderbare Nüsse mitgebracht. Na, ja, zumindest die eine ist sehr schön, die andere ist halt etwas schrumpelig. Wie wär's, wenn wir sie jetzt einfach aufknacken und aufessen - einverstanden?«

Du knackst die erste, schöne Nuss auf: »O wei, die ist ja ganz faul! Wie schade! Außen sieht sie so schön aus - aber drinnen? Ganz faul! Die kann man wirklich nur wegwerfen!

Versuchen wir's halt bei der anderen. Aber die ist wahrscheinlich auch faul, so wie die aussieht! Aber was soll's - wir probieren's!«

Du knackst die zweite, hässliche Nuss – und siehe da . . .!

»Die ist ja gar nicht faul! Schaut nur, wie schön ihr Kern ist! Wer will denn ein Stückchen davon? Na, schmeckt's? Also, das ist ja interessant: außen hässlich und innen so lecker . . .

Aber sagt einmal, seid ihr nicht auch schon Menschen begegnet, bei denen es ganz ähnlich ist? Von außen sehen sie ganz toll aus, und was sie nicht alles haben! Aber wenn man sie besser kennen lernt, merkt man, dass zwar das Außenherum schön ist, das Innendrin dafür gar nicht. Sie denken nur an sich und sind lieblos. Ihr Kern, also ihr Herz, ist sozusagen faul. (Aber natürlich gibt es auch schicke und reiche Leute, die sehr liebevoll sind.)

Die meisten Menschen aber sehen weder toll aus, noch sind sie reich. Manche Menschen stottern, manche hinken, manche können vielleicht nicht gut sehen oder hören. Manche sind einfach langsam und andere sind total konfus. Doch wenn man die einzelnen Menschen näher kennen lernt, merkt man: Hoppla, das ist ja ein ganz lieber Mensch. Kein Mensch sollte vom Äußeren eines Menschen auf sein Inneres schließen.

Es ist für uns unmöglich, ins Herz eines anderen zu schauen. Wir können einander nicht wie Nüsse knacken. Manchmal sind wir ja auch recht froh darüber, dass kein anderer Mensch in unser Herz hineinschauen und unsere Gedanken lesen kann – oder?

Wenn du auf jemanden im Geheimen ganz zornig bist oder böse oder einfach schlecht über ihn denkst – bist du dann froh, dass man es dir nicht gleich ansieht?

Ehrlich, ich bin auch manchmal froh darüber, denn auch ich denke Dinge, für die ich mich schäme.

Aber weil Jesus mein Freund ist, kann ich zu ihm gehen und ihn um Verzeihung bitten, wenn ich Böses gedacht habe. Er verzeiht mir gerne und macht mir Mut, mir jeden Tag ein bisschen mehr von Gottes Liebe schenken zu lassen und davon weiter zu schenken.

Es ist schön, dass Jesus uns lieb hat und in unser Herz schauen kann. Er weiß, ob wir traurig oder glücklich sind, ob zornig oder fröhlich. Bei ihm dürfen wir ganz ehrlich sein, ohne dass er es uns krumm nimmt oder auf uns böse wird. Wir können ihm alles sagen und ihn um Hilfe bitten. Er weiß, dass wir auch Fehler machen und manchmal gar kein ›süßes‹ Inneres haben. Wir dürfen trotzdem kommen. Für ihn ist es auch nicht wichtig, ob wir toll angezogen sind und ob wir glatte Haare oder Locken haben, ob wir laufen können oder vielleicht im Rollstuhl sitzen. Jesus hat tolle Pläne für dich und mich, für jeden Menschen. Mit seiner Hilfe können wir so leben, dass Gott sich über uns freuen kann. Durch Jesus wird unser Herz, unser ›Kern‹, gut und ›lecker‹. Und darauf kommt es an! Bei Menschen und bei Nüssen.«

Liedvorschlag: Wohl dem, der nicht wandelt

Einfach gut

Biblischer Bezug: Nun aber prahlt ihr voll Übermut; doch all dieses Prahlen ist schlecht. Wer also das Gute tun kann und es nicht tut, der sündigt. (Jakobus 4,16-17)

Zielgedanke: Heuchelei, Angeberei und Frömmelei entsprechen nicht Gottes Willen für unser Leben. Der Glaube an Gott wird auch durch unsere Taten sichtbar.

Material: ein Frühstückstablett mit Brötchen, Marmelade, Kaffee und einem Ei; Blumen, Zeitung u.ä.

Du lässt alle Kinder auf dich warten.

»Wo bleibt er denn nur?«, fragt ein Mitarbeiter. Da öffnet sich die Tür und du betrittst den Raum. In den Händen hältst du ein Frühstückstablett mit lauter guten Sachen drauf.

Du begrüßt die Kinder. »Ich habe mich etwas verspätet, weil ich dieses herrliche Frühstückstablett noch herrichten wollte. Gefällt es euch? – Da ist alles drauf, was ich zum Frühstück liebe.« (Du zählst alles auf.)

»Und ganz besonders gern habe ich es, wenn mir so ein Tablett ans Bett gebracht wird und ich so richtig gemütlich und in Ruhe frühstücken kann. Das geht natürlich nicht sehr oft.

Vor einiger Zeit bin ich am Freitagabend ins Bett gekrochen. Es war schon sehr spät und ich war soo müde. Aber ich hab gewusst, dass ich am nächsten Morgen ausschlafen kann. Darüber war ich sehr froh. Und wisst ihr, was am nächsten Morgen geschah? Ich bin aufgewacht, weil zwei Dinge passiert sind: Erstens hat die Sonne hat mich wachgekitzelt, und zweitens hat es hat ganz herrlich nach Frühstück gerochen, so dass mein Magen ganz wild zu knurren begonnen hat.

Also hab ich erst mal zur Uhr geblinzelt – ach du Schreck: Es war schon 10 Uhr! Höchste Zeit zum Aufstehen! Aber erst einmal hab ich kräftig gegähnt und mich ausgiebig gereckt und gestreckt. Als ich damit fertig war, seh ich, wie die Schlafzimmertür leise aufgeht, und herein schaut meine Frau (mein Mann, Sohn, Tochter, meine Freundin). Sie lächelt, sagt: ›Guten Morgen!‹, stößt die Tür ganz auf und – bringt mir so ein herrliches Frühstück wie das hier ans Bett. Dabei war ich gar nicht krank! Sie wollte mir einfach etwas Gutes tun und mir eine Freude machen. Weil sie mich lieb hat. Das hat sie gesagt. Aber eben nicht nur gesagt. Sie hat es auch gezeigt. Denn sie weiß genau, dass ich mich über so ein Frühstück unwahrscheinlich freue.

Gott freut sich, wenn wir einander Gutes tun und unsere Liebe auch zeigen. Denkt einmal darüber nach, was ihr tun könnt – und dann fangen wir gleich heute damit an! Große und Kleine, okay?«

Liedvorschlag: Danke, Herr Jesus

Lobt Gott!

Biblischer Bezug: Lasst in eurer Mitte Psalmen, Hymnen und Lieder erklingen, wie der Geist sie eingibt. Singt und jubelt aus vollem Herzen zum Lob des Herrn! Sagt Gott, dem Vater, jederzeit Dank für alles im Namen Jesu Christi, unseres Herrn. (Epheser 5,19)

Zielgedanke: Wenn Gott in uns lebt und sein Geist in uns wirkt, können und sollen wir uns von ganzem Herzen freuen und Gott Loblieder singen.

Material: z.B. eine Gitarre oder ein anderes Instrument, das man *nicht* spielen kann (u.U. wegen einer »Verletzung« der Hände o.ä.)

»Schaut mal her, heute habe ich eine Gitarre mit – wisst ihr warum?« (Wahrscheinlich antworten die Kinder: Weil du damit spielen willst, weil du mit uns singen willst o.ä.)

»Ich habe sie mitgenommen, weil ich mit euch zusammen singen und Gott loben wollte. Und dazu verwenden die meisten Leute doch auch ein Instrument. Deshalb habe ich die Gitarre mitgebracht.«

Du machst eine Pause und fährst dann zögernd fort: »Aber wisst ihr, ich hab da ein großes Problem – ich kann gar nicht Gitarre spielen! Und darum kann ich gar nicht Gott loben. Was soll ich denn da jetzt machen?«

Du lässt die Kinder Vorschläge machen.

»Ich glaube, ihr habt recht! Man braucht nicht unbedingt ein Musikinstrument, um Gott zu loben und gute Musik zu machen. Gott braucht nicht unbedingt tolle Musiker oder andere Profis, er freut sich über uns und unser ehrliches Herz. Wir sind für ihn die besten ›Instrumente‹, die die schönste Musik machen! Ob das stimmt, müssen wir gleich ausprobieren!«

Du legst die Gitarre zur Seite und fragst die Kinder: »Habt ihr alle eure Hände dabei? Und eure Füße? Und euren Brustkorb? Ja? Super. Ich nämlich auch! Also, seid ihr bereit?

Mit unseren Händen können wir klatschen. Probieren wir das einmal aus - sehr gut! Das klingt schöner als ein Schlagzeug! Und jetzt stampfen wir mit unseren Beinen auf den Boden, so fest es geht - ausgezeichnet! Und jetzt klopfen wir mit den Händen auf den Brustkorb. Sind das nicht tolle Trommeln?

Und jetzt versuchen wir einmal, ob unsere Stimmbänder schon gestimmt sind. Lalala - kommt, macht mit - lalala. Jetzt sind wir fit, um Gott zu loben.

Wir singen jetzt zusammen das Lied ›Lasst uns miteinander singen, beten, loben den Herrn . . .‹ Es ist doch schön, dass es uns gibt. Wir dürfen uns freuen und dies mit unserem ganzen Körper zeigen. Wir machen das jetzt so: Dieser Teil der Kinder singt und klopft mit den Füßen den Takt dazu, dieser Teil der Kinder singt und klopft dabei auf den Brustkorb und der dritte Teil singt und klatscht dabei in die Hände.« (Andere Aufteilungen und Arten, Musik zu machen, sind natürlich möglich.) »Jetzt üben wir's einmal und dann geht es richtig los. - Das habt ihr alle wunderbar gemacht. Das war bestimmt Musik, die Gott echt Spitze findet. Danke schön!«

Liedvorschlag: Lasst uns miteinander

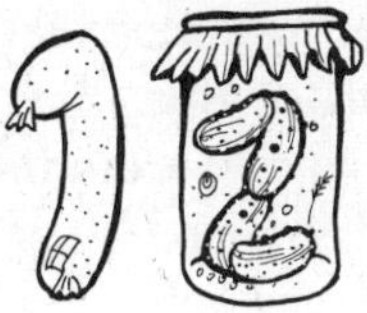

Mit den Augen der Liebe

Biblischer Bezug: Selig sind die, deren Frevel vergeben und deren Sünden bedeckt sind. Selig ist der Mensch, dem der Herr die Sünde nicht anrechnet. (Römer 4,7-8)

Zielgedanke: »Man sieht nur mit dem Herzen gut« – mit den Augen der Liebe. Gott liebt uns so, wie wir sind, aber er hat auch die Kraft, uns zu erneuern.

Material: eine alte, etwas ramponierte Puppe oder ein älterer Teddy

Liebevoll trägst du im Arm einen alten Teddybären oder eine alte Puppe.

»Darf ich euch mit einer alten, guten Freundin von mir bekannt machen? Seht her, das ist Tosca! Tosca – das hier sind meine lieben jungen Freunde.

Ich möchte euch ein bisschen von Tosca erzählen. Tosca ist Italienerin, daher hat sie auch diese wunderschöne braune Haut und diese prachtvollen dunklen Augen. Mittlerweile ist sie schon . . . Jahre alt, denn ich habe sie bekommen, als ich noch ein Kind war.

Ich habe sie am Straßenrand in Italien das erste Mal gesehen. Sie stand mit anderen schönen Puppen an einem Verkaufsstand. Als ich sie sah, wusste ich, dass ich mir nichts mehr wünschte als diese eine Puppe. Das habe ich auch meinen Eltern gesagt, und trotzdem habe ich sie nicht bekommen. Was ich nicht wusste, war, dass meine Mutter die Puppe heimlich gekauft hat, während mein Vater mit mir zu anderen Verkaufsständen weitergegangen ist. Viele Wochen später haben sie mir Tosca zum Geburtstag geschenkt. War ich glücklich! Und total begeistert! Von meinen Eltern und von meinem neuen Puppenkind. Wie ihr roter Mund geleuchtet, die Augen gestrahlt und das dunkle, lange Haar geglänzt hat (bevor ich mit ihr Frisör gespielt habe . . .)! Und so ein prachtvolles Kleid hatte sie an! Ich war dankbar, glücklich und stolz. Viele Jahre haben wir beide miteinander gespielt. Ihr meint vielleicht, dass man ihr das ansieht? Dort fehlt ein Fingerlein, hier ist ein wenig Lack abgeplatzt; die Haut sieht schon schmutzig aus, obwohl ich sie für heute extra ordentlich gewaschen habe - sogar hinter den Ohren! Aber wisst ihr, mir macht das gar nichts aus, dass sie nicht mehr so neu und schön aussieht wie früher. Ich seh ja auch nicht mehr aus wie ein Kind, stimmt's? Wenn ich Tosca ansehe oder sie mir in Gedanken vorstelle, dann sehe ich ihre Fehler gar nicht richtig. Sie sind für mich nicht wichtig, weil ich diese Puppe so lieb habe.

Habt ihr auch Lieblingspuppen oder Tiere?

Und haben die gar keine Fehler?

Aber die sind für euch auch nicht wichtig - und warum?

Weil ihr die nun einmal lieb habt, wie sie sind.

Gott, unser Vater im Himmel, hat uns auch lieb. Jedem Menschen, auch dir und mir, vergibt er durch Jesus Christus alle Schuld, wenn wir ihn darum bitten. Er sieht unser Herz und sieht wie wir's meinen. Er kann unsere Fehler total auslöschen - ja, er macht uns ganz neu. Ich kann meine Puppe trotz aller Liebe nicht mehr neu machen.

Aber Gott kann jeden von uns neu machen, und wenn er noch so alt und schrumpelig ist. Gott macht zuerst unser Herz, unsere Gedanken, neu. Und später, wenn wir bei ihm im Himmel sind, schenkt er uns auch einen neuen Körper, der nicht mehr krank oder alt wird.

Aber das kommt später. Für jetzt ist es wichtig, dass Gott unsere Sünden gerne vergibt und dass er uns riesig lieb hat. So lieb, wie wir es uns gar nicht vorstellen können.

Er sieht dich und sogar so ›alte‹ Leute wie mich als seine lieben, wundervoll geschaffenen Kinder an. Jeder von uns darf jederzeit mit allem zu ihm kommen. Wir dürfen mit unserer Freude und mit unserem Kummer, in guten und in Zeiten, in denen wir streiten oder zornig sind, mit ihm sprechen. Auch dann, wenn wir uns schlecht oder schuldig fühlen. Er versteht uns und er kann und will uns immer helfen.«

Liedvorschlag: Gottes Liebe ist wie die Sonne

Teil

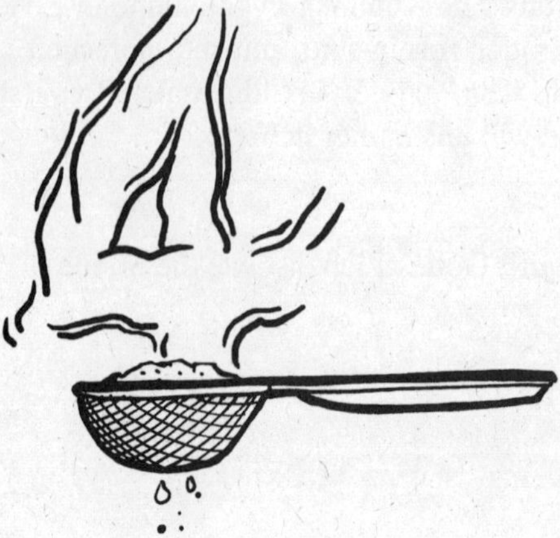

Verantwortung für einander

Vom Kopf in die Hände

Biblischer Bezug: Einer trage des anderen Last: so werdet ihr das Gesetz Christi erfüllen. (Galater 6,2)

Zielgedanke: Als Christen sind wir aufgefordert, für einander Verantwortung zu übernehmen.

Material: ein Buch über Hunde- oder Hamsterpflege, eine Hundebürste o.ä.

»Wer von euch hat ein eigenes Haustier, und welches?

Dann wisst ihr sicher auch, wie ihr eure Tiere pflegen müsst, damit sie gesund, hübsch und munter bleiben, stimmt's? In meiner Tasche hier habe ich ein ganz wichtiges Buch.« (Du holst es heraus und zeigst es den Kindern.) »Da steht alles drin, was ich über meinen Hund wissen muss: wie ich ihn erziehen soll, was und wie viel er zu trinken und zu fressen braucht, welche Impfungen er braucht, damit er keine schweren Krankheiten bekommt, und vieles mehr.

Wie ist das nun? Genügt es, wenn ich z.B. jeden Morgen fünf Minuten darin lese? Geht es meinem Hund dann gut? Nein? Sondern? Ich muss selbst, mit meinen eigenen Händen, etwas dazu tun? Aha! Von alleine passiert gar nichts, da habt ihr Recht.

Verratet mir doch einmal, wer bei euch zu Hause am häufigsten mit dem Hund Gassi geht, den Stall oder Käfig putzt, für Futter und frisches Wasser sorgt. Seid das immer ihr? Nein? Wer dann? Aha! Papa oder Mama helfen euch dabei, oder sie erinnern euch zumindest daran, dass es gemacht werden muss.

Seht ihr, so ist das im Leben: Da oben . . .« (du zeigst auf deinen Kopf) ». . . wissen wir ganz schön viel. Doch es hilft gar nichts, wenn wir da jede Menge Wissen speichern und nichts damit anfangen. Es nützt gar nichts, wenn ich lese: ›Die Wasserschüssel soll täglich ausgewaschen und mit frischem Wasser gefüllt werden‹, wenn ich es dann nicht auch tue. Sonst verdurstet mein armes Tier.

Jeder, der sein Tier lieb hat, sorgt dafür, dass es ihm gut geht. Das Wissen vom Kopf rutscht herunter ins Herz und dann in meine Hände und Füße.« (Du zeigst die »Reise« an.) »Wenn wir die Bibel nur zu Hause in unserem Schrank haben oder nur in unserem Kopf wissen, was da drin steht, dann hilft uns das gar nichts. Dieses Wissen muss von unserem Kopf herunter in unser Herz!

Jesus sagt, wir sollen Gott und unsere Mitmenschen lieben. Das heißt, wir sollen für einander sorgen, einander Gutes tun. Ja, wie kann man das denn? Habt ihr Ideen?« (Mama und Papa ein Küsschen einfach nur so schenken, lernen, miteinander zu teilen etc.) »Einander lieb zu haben bedeutet aber auch, dass wir füreinander beten und aneinander denken. Wenn Jesus sagt: Habt einander lieb, dann meint er das ganz praktisch! Wenn wir Gottes Liebe in unser Herz hineinlassen, dann wandert unser Wissen vom Kopf herunter ins Herz und in die Hände und Beine! Damit wir's nicht gleich vergessen, machen wir das jetzt mit unseren Händen ein paar Mal gemeinsam: *Wenn wir einander lieb haben, wandert unser Wissen vom Kopf ins Herz und danach in die Hände und Beine.* Lasst es uns miteinander doch versuchen!«

Liedvorschlag: Kopf und Herz sind wie ein Beet

Fahrtüchtig

Biblischer Bezug: Nicht darin besteht die Liebe, dass wir Gott geliebt haben, sondern dass er uns geliebt hat und seinen Sohn als Sühne für unsere Sünden gesandt hat. Liebe Brüder, wenn Gott uns so geliebt hat, müssen auch wir einander lieben. (1. Johannes 4,10-11)

Eines aber tue ich: Ich vergesse, was hinter mir liegt, und strecke mich nach dem aus, was vor mir ist. Das Ziel vor Augen jage ich nach dem Siegespreis: der himmlischen Berufung, die Gott uns in Christus Jesus schenkt. (Philipper 3,13-14)

Zielgedanke: Gottes Liebe will der Motor unseres Lebens sein, Gottes Geist will es lenken.

Material: ein Spielzeug- oder Modellauto

»Ich finde dieses Auto toll, weil es alles hat, was ein Auto braucht. Deshalb wollte ich es euch unbedingt mal mitbringen. Schaut, es ist wirklich alles da: Türen, Fenster, Motorhaube, Fahrgastraum, Lenkrad, Reifen . . .!« Du setzt das Fahrzeug auf den Boden und sagst: »So, mein liebes Auto, jetzt fahr bitte mal dort zur Tür hinüber!«

Natürlich fährt das Auto nicht. Du wendest dich wieder an die Kinder: »Ja – warum fährt es denn nicht?« – »Natürlich – es hat keinen Motor, und der Fahrer fehlt auch! Dann kann's ja nicht funktionieren! Ihr seid wirklich klug! Dazu könnt ihr mir sicher auch sagen, was passieren muss, damit ein Auto mit Motor und mit Fahrer dorthin fährt, wohin ich es wünsche? Der Fahrer müsste mir zuerst zuhören! Nur durch's Zuhören könnte er erfahren, was ich von ihm will. Seht ihr, so ist es auch mit dir und mir:

Wir alle brauchen einen funktionierenden Motor. Das Fahrgestell haben wir schon.« (Du zeigst auf deinen Körper.) »Mein Motor ist die Liebe Gottes in meinem Herzen. Diese Liebe bringt mein Herz, meine Beine und Hände, ja, meine ganze Person in Schwung. Sie hilft mir, dass ich nicht nur an mich denke, sondern dass ich mich auch um andere Leute kümmere. Das hat uns Jesus nämlich extra aufgetragen.

Der Heilige Geist, den Gott uns schenkt, zeigt mir, was Gott von mir will. Er weiß, was ich brauche, was richtig und gut ist. Er ist sozusagen der Fahrer in meinem Lebensauto. Und welche Aufgabe bleibt für mich? - Zuzuhören! Man kann zuhören lernen. Auch auf Gottes Stimme zu hören, kann man lernen. Er ist derjenige, der unser ›Fahrgestell‹ am besten lenken kann.«

Liedvorschlag: Dies ist der Fuß und dies ist die Hand

Der Kran

Biblischer Bezug: Kommt alle zu mir, die ihr euch plagt und schwere Lasten zu tragen habt. Ich werde euch Ruhe verschaffen. (Matthäus 11,28)

Zielgedanke: Jesus trägt unsere Last, und wir können einander Lasten tragen helfen.

Material: ein Spielzeugkran

Du hast einen Kran mitgebracht und »fuhrwerkst« ein bisschen damit herum.

»Wer von euch weiß, wie dieses Ding hier heißt?

Wer von euch kann mir sagen, wozu man so etwas gebrauchen kann?

Vor einiger Zeit habe ich an einer Baustelle einen ungeheuer großen Kran gesehen. Es war für ihn ein Kinderspiel, riesige Mauerteile zu heben und dort abzustellen, wo sie hingehörten. Mir gefallen und imponieren diese Maschinen - euch auch?

Jesus kann man schlecht mit einer Maschine vergleichen, und trotzdem kann er noch viel mehr als der größte Kran der Welt. Er hat, als er auf der Erde lebte, die Lasten aller Menschen auf sich genommen, getragen und sozusagen weggestellt.

Was sind denn die Lasten, die Menschen tragen müssen? - Hattet ihr auch schon einmal das Gefühl, dass alles schwer und traurig ist? Könnt ihr mir ein Beispiel nennen für Lasten?« (z.B. Einsamkeit, Unverständnis . . .)

»Solche Dinge können einem ganz schön zu schaffen machen. Aber Jesus sagt, dass wir mit unseren Lasten zu ihm kommen und sie bei ihm abladen dürfen. Er ist der Freund, dem wir ganz vertrauen können. Wir können ihm alles Schöne erzählen, aber auch von unserer Traurigkeit oder Einsamkeit oder unseren Schmerzen und ihn um Hilfe bitten. Er hilft uns. Manchmal dauert das ein bisschen länger, manchmal geht es ganz schnell. Ja, manchmal meint man, dass Jesus es vielleicht nicht gehört hat, denn er verändert Dinge nicht immer so, wie wir es uns wünschen. Aber Jesus hält sein Versprechen – er hilft uns oft unsere Last zu tragen, noch ehe wir es merken . . .

Doch ich muss euch noch etwas sagen: Wir, du und ich, wir sind nicht Jesus, wir sind auch keine Kräne und sind nicht besonders stark. Trotzdem sagt Jesus, dass ich dem helfen soll, der es gerade sehr schwer hat. Jeder von uns kann demjenigen helfen, dem es nicht gut geht. Da wird die Last gleich viel leichter und niemand muss sich alleine abschleppen . . . Probiert es doch aus! Ihr werdet herausfinden, dass es froh macht, für einander da zu sein.«

Liedvorschlag: Ein jeder trage die Last des andern

Teil

Leben gewinnen

16 Der Kompass

Biblischer Bezug: Wir verkündigen, wie es in der Schrift heißt, was kein Auge gesehen und kein Ohr gehört hat, was keinem Menschen in den Sinn gekommen ist: das Große, das Gott denen bereitet hat, die ihn lieben. Denn uns hat es Gott enthüllt durch den Geist. Der Geist ergründet nämlich alles, auch die Tiefen Gottes. Wer von den Menschen kennt den Menschen, wenn nicht der Geist des Menschen, der in ihm ist? So erkennt auch keiner Gott – nur der Geist Gottes. Wir aber haben nicht den Geist der Welt empfangen, sondern den Geist, der aus Gott stammt, damit wir das erkennen, was uns von Gott geschenkt worden ist (. . .) Denn wer begreift den Geist des Herrn? Wer kann ihn belehren? Wir aber haben den Geist Christi! (1. Korinther 2,9ff)

Zielgedanke: Gott gibt uns seinen Geist und sein Wort als Wegweiser durchs Leben.

Material: ein Kompass

»Heute habe ich eine schwierige Frage an euch: Was ist das?« Du zeigst den Kompass, der auf deinem Handteller liegt, und lässt die Kinder antworten.

»Ein Kompass ist das also. Und einen Kompass verwendet man zum Kochen. –

Ach nein? Nicht zum Kochen?

Natürlich, ihr habt Recht: Man sieht darauf, wie spät es ist!

Nein? – Ja, wozu verwendet man dieses Ding dann?

Ach so, damit man die richtige Himmelsrichtung kennt! Und wozu muss man das wissen? –

Man kann sich dadurch fast überall leichter zurechtfinden,

z.B. in einem großen Wald, wo man nichts als Bäume um sich herum sieht. Oder in einer großen, fremden Stadt. Wenn ich den Kompass dabei habe, weiß ich wo Süden, Norden, Westen und Osten ist. Dann kann ich mich orientieren und den richtigen Weg zum Ziel finden.

Bevor Jesus zu seinem Vater in den Himmel zurückgekehrt ist, hat er seinen Schülern einen Kompass versprochen. Habt ihr davon schon einmal gehört? Nein? Das liegt wahrscheinlich daran, dass dieser Kompass in der Bibel einen ganz anderen Namen hat. Er heißt dort »Heiliger Geist«. Und dieser »Heilige Geist« ist Gottes Geist. Mit Gottes Geist finden wir heraus, was für unser Leben am besten ist. Wenn Gott uns seinen Geist schenkt, können wir uns in unserem Leben zurechtfinden. Wir können erkennen, was richtig und gut ist, was wir tun sollen und womit wir Gott zeigen können, dass wir ihn lieb haben.

Aber Gott hat uns sicherheitshalber noch einen zweiten Kompass mitgegeben. Denn manchmal ist das Leben ja wirklich sehr kompliziert. Soll ich euch verraten, was das ist? Es ist Gottes Wort. Und das finden wir in dem Buch, dass wir Bibel nennen oder auch die Heilige Schrift, Altes und Neues Testament. Auch durch die Bibel kann Gott zu uns sprechen. Natürlich müssen wir dazu unsere Ohren aufmachen und hinhören. Das kann niemand für einen anderen tun, das muss jeder für sich selbst üben. Aber Gott hat auch da vorgesorgt. Er lehrt uns, mit dem Herzen zu hören und zu sehen. Wer mit dem Herzen hört, erkennt, wie riesig Gottes Liebe ist; wer mit dem Herzen hört, möchte diese Liebe nicht nur für sich behalten, sondern auch weiterschenken.

Mit Gottes Geist und seinem Wort haben wir den besten Kompass auf der ganzen Welt. Mit ihm findet jeder Mensch seinen Weg durchs Leben und nach Hause zu unserem himmlischen Vater. Die kleinen Leute und die großen.«

Liedvorschlag: Gott meint es gut mit uns, was auch immer geschieht

Alles nur ein Traum?

Biblischer Bezug: Denn Gott hat die Welt so sehr geliebt, dass er seinen einzigen Sohn hingab, damit jeder, der an ihn glaubt, nicht zugrunde geht, sondern das ewige Leben hat. (Johannes 3,16)

Zielgedanke: Ohne Gott stehen wir früher oder später vor dem Nichts. Mit Gott gewinnen wir alles.

Material: Seifenblasen

Du hast ein Röhrchen mit Seifenschaum mitgebracht und fragst die Kinder, ob sie schon einmal Seifenblasen gemacht hätten. Dann forderst du ein oder zwei Kinder auf, einige zu blasen.

»Seifenblasen sind einfach schön. Außerdem macht es Spaß, sie fliegen zu lassen . . .« Du bewunderst die Seifenblasen und bedauerst es jedesmal, wenn eine zerplatzt.

»Sagt einmal – wer von euch weiß, was Menschen und Seifenblasen gemeinsam haben? Viele von uns haben die tollsten Wünsche und Träume. Die glänzen in den schillerndsten Farben, so wie diese Seifenblasen.

Kennt ihr das auch? Man malt sich in der Phantasie die tollsten Bilder aus. Da wünscht man sich die neueste Barbie mit den extra, extra langen Haaren oder das tolle ferngesteuerte Auto oder ein Modellflugzeug zum Selbstzusammenbauen oder einen wunderschönen Urlaub . . . Aber Träume sind eben Träume und nicht alle werden Wirklichkeit, manchmal zerplatzen sie wie Seifenblasen.

Gott hat uns Menschen geschaffen, weil er uns lieb hat. Er hat uns prachtvoll geschaffen. Aber ihr wisst ja schon, dass es auf der Welt nicht nur Gutes und Schönes gibt. Es gibt auch Böses und Hässliches - und wir selbst sind auch nicht immer nur lieb und gut. Jeder Mensch lädt Schuld auf sich. Und dadurch sind wir nicht mehr so, wie Gott uns eigentlich geplant hat. Aber Jesus hat uns versprochen, dass er jede Schuld von uns wegnehmen und auslöschen kann, so dass sie nicht mehr da ist. Dann sind wir vor Gott wieder wie neu. Trotzdem sind wir oft sehr unzufrieden. Nichts passt uns. Nicht unsere Nase, nicht unsere Haare ... Wir meckern über uns - aber noch viel mehr über die anderen Leute, die uns nicht in den Kram passen. Es fällt uns sofort auf, wenn der andere einen Fehler macht oder ungeschickt ist oder nicht weiß, wie man sich benimmt. Und überhaupt, wenn der andere fremd aussieht oder eine andere Sprache spricht ...!

Durch Gottes Liebe werden wir so stark, dass wir nicht zergehen wie Seifenblasen. Ihr wisst ja, Seifenblasen sind innen hohl und sie zerplatzen leicht. Dann bleibt nichts als ein feuchter Fleck, und das ist ein bisschen wenig.

Wenn Jesus in deinem Herzen wohnt, ist das anders. Er schenkt ›ewiges Leben‹. Das bedeutet, dass wir jetzt und für immer in Gottes Nähe leben dürfen. Wenn wir einmal ganz bei Gott sein werden, gibt es keinen Streit mehr, keinen Zorn, keinen Hass, keinen Hunger, keinen Durst, keinen Tod, keine Tränen ... und keine Wünsche, die schillernd leuchten und dann zerplatzen. Bei Gott wird das Gute Bestand haben.«

Liedvorschlag: Gott und Mensch an einem Tisch

Satt werden

Biblischer Bezug: Aus seiner Fülle haben wir alle empfangen Gnade über Gnade. (Johannes 1,16)

Zielgedanke: Nur Gott kann unsere tiefsten Bedürfnisse stillen.

Material: ein Teller mit Wasser oder einer Tütensuppe, Gabel und Löffel

Vor dem Platz, an dem du normalerweise sitzt, steht ein kleiner Tisch. Du betrittst den Raum, in den Händen einen gefüllten Suppenteller, den du vorsichtig nach vorne trägst und auf den kleinen Tisch stellst.

»Grüß Gott, ihr Lieben, ihr müsst schon entschuldigen, dass ich heute so nebenbei etwas esse« (aus der Jacken- oder Hosentasche nimmst du die Gabel und beginnst damit zu essen), »– aber ich habe so einen . . .« (du versuchst irgendwie die Suppe auf die Gabel zu bekommen) ». . . Hunger!« (Du kämpfst verzweifelt mit der Suppe, leckst die Gabel ab, versuchst es immer wieder, bis du frustriert die Gabel im Teller liegen lässt.)

»Ach, ich habe so einen Hunger – und werde einfach nicht satt! Irgendetwas muss ich falsch machen.« –

»Ach, ihr meint, mit einem Löffel geht es leichter? Okay, ich probier's!« (Du klopfst die Taschen ab und ziehst schließlich den Löffel heraus.)

»Mmh, das funktioniert ja bestens, mmh, die Suppe schmeckt echt gut. Herrlich – danke, für euren Rat, sonst wäre ich neben dem vollen Teller noch verhungert!« (Du isst begeistert den Teller leer.)

»Übrigens, so wie mir vorhin geht es vielen Menschen. Sie haben Hunger und sitzen vor vollen Tischen, aber leider, leider verwenden sie das falsche Besteck. Deshalb werden sie auch nicht satt. –

Ihr meint, das stimmt nicht? Doch, es stimmt! Welche Art von Hunger kennt ihr denn?« (z.B. Hunger nach Frieden, Liebe, Freunden, Lachen)

»Wenn man Hunger hat, möchte man essen. Egal, ob es um Hunger geht, der den Magen knurren lässt, oder um Hunger nach Liebe. Doch leider verwenden die meisten Menschen das falsche Werkzeug. Das können falsche Freunde sein, Drogen, Videos oder sonst irgendetwas. Und eines Tages finden sie heraus, dass sie davon gar nicht wirklich satt geworden sind und der Hunger immer noch da ist.

Ihr habt mir vorhin gesagt, dass ich die Suppe mit dem Löffel essen soll und dass ich dann satt werde. Genauso haben mir vor vielen Jahren Menschen gesagt, dass ich Jesus brauche, um meinen Hunger nach Liebe, Frieden und Freude stillen zu können.

Also habe ich mit Jesus geredet. Ich habe ihm gesagt, dass ich ihn ganz dringend brauche. Ich habe ihn in mein Herz und Leben eingeladen. Und wisst ihr was – er ist wirklich gekommen und hat mich satt gemacht. Er macht es immer wieder. Es war so wie vorhin, als ich mit dem Löffel zu essen begonnen habe. Ich hatte endlich das richtige Werkzeug. Gott hat genug Liebe, um alle satt zu machen, die satt werden wollen. Du kannst es selbst ausprobieren und auch anderen davon erzählen, denn wir haben einen wunderbaren Gott.«

Liedvorschlag: Herr, wir bitten, komm und segne uns

Tu dir nicht weh!

Biblischer Bezug: Wer das ganze Gesetz hält und nur gegen ein einziges Gebot verstößt, der hat sich gegen alle verfehlt. Denn er, der gesagt hat: Du sollst nicht die Ehe brechen!, hat auch gesagt: Du sollst nicht töten! Wenn du nicht die Ehe brichst, aber tötest, hast du das Gesetz übertreten. Darum redet und handelt wie Menschen, die nach dem Gesetz der Freiheit gerichtet werden. Denn das Gericht ist erbarmungslos gegen den, der kein Erbarmen gezeigt hat. Barmherzigkeit aber triumphiert über das Gericht. (Jakobus 2,10-13)

Zielgedanke: Gottes Gebote sind Anweisungen, die uns vor Unheil bewahren wollen.

Material: eine Kerze, ein Unterteller, eine Schachtel Streichhölzer

Du bittest ein Kind, die Dinge, die du mitgebracht hast, aus einer Tasche zu holen. Während das Kind damit beschäftigt ist, bittest du die anderen Kinder, laut zu sagen, was ausgepackt wird.

Du nimmst die Kerze, erklärst, warum du sie auf einem Unterteller festmachst, und zündest sie schließlich an.

»Schön ist so eine brennende Kerze – aber sie ist nicht ungefährlich. Was kann mit einer brennenden Kerze alles passieren? –

Was muss ich denn machen, damit mir so etwas nicht passiert? –

Was macht ihr denn, wenn ein kleines Kind kommt, und das Licht anfassen möchte? –

Im Verkehr ist es ja ähnlich. Was sagen denn eure Eltern,

wenn ihr über eine Straße gehen möchtet, auf der viele Autos fahren? –

Genau. Sie sagen: Gebt Acht, schaut erst links, dann rechts, wartet, bis die Autos stehen bleiben usw. Befolgt ihr diesen Rat? Warum? –

Warum ist es euren Eltern denn so wichtig, dass ihr gut auf der anderen Straßenseite ankommt? –

Weil sie euch lieb haben und Verantwortung für euch tragen.

Jetzt stellt euch mal vor, das Leben wäre wie eine Straße, die ihr überqueren müsstet. Natürlich wünscht sich jeder, dass er gut ans Ziel, also zu Gott, kommt. Aber wie macht man das? Und wer weiß, wie's geht!?

Wenn ihr mich fragt: Am besten kommt man mit Gottes Hilfe ans Ziel, nämlich indem man auf Gottes Wort hört.

In der Bibel gibt es z.B. die Zehn Gebote. Sie sind dazu da, dass wir unser Leben ›heil überstehen‹. Manche Menschen meinen, sie wollten uns nur den Spaß am Leben verderben. Aber in Wirklichkeit sind sie da, weil Gott uns beschützen möchte.

Wenn jemand in die Flamme hier greift, obwohl er weiß, dass es weh tut, dann verletzt er sich unnötig. Wenn jemand ohne zu schauen über eine befahrene Straße läuft, gefährdet und verletzt er sich unnötig. Wenn ich nicht auf Gottes Ratschläge höre, das sind nämlich die Zehn Gebote, dann werde ich Dinge erleben, vor denen Gott mich bewahren will.

Aber manchmal vergessen wir Gottes Ratschläge. Dann ist es schön, wenn man einen Freund hat, jemanden, der Gott auch lieb hat. Denn der kann uns an das erinnern, was in der Bibel steht, und daran, dass Gott es gut meint mit uns. Aber auch wir können für andere Freunde sein, die an Gottes Liebe und Fürsorge erinnern.

So können wir einander helfen, nach Gottes Willen zu leben. Denn Gott meint es gut mit uns.«

Liedvorschlag: Sag Ja zu Gottes Wegen

Das höchste Gebot

Biblischer Bezug: Er antwortete ihm: Du sollst den Herrn, deinen Gott, lieben mit ganzem Herzen, mit ganzer Seele und mit all deinen Gedanken. Das ist das wichtigste und erste Gebot. Ebenso wichtig ist das zweite: Du sollst deinen Nächsten lieben wie dich selbst. An diesen beiden Geboten hängt das ganze Gesetz samt den Propheten. (Matthäus 22,37-40)

Zielgedanke: Nichts hat höhere Autorität als das Gebot der Gottes- und Nächstenliebe.

Material: eine (Polizei-)Kappe, eine Kelle (rot/grün), eine Trillerpfeife

Wenn alle Kinder sitzen, stürmst du in den Raum. Auf dem Kopf trägst du die Kappe, in der Hand hältst du die Kelle, dazu pfeifst du kräftig.

Du nimmst die Pfeife aus dem Mund und begrüßt die Kinder: »Na, wie gefalle ich euch heute? Wisst ihr, ich bin heute ein Polizist! Und ihr müsst alles tun, was ich euch sage, denn schließlich trage ich eine Polizeikappe und habe dieses Ding hier. Damit kann ich jedem befehlen stehen zu bleiben oder weiterzugehen. Wenn ich jemanden rufen will, brauche ich nur zu pfeifen. Super ist das, Polizist zu sein! –

Ihr glaubt nicht, dass ich ein echter Polizist bin? Ja, leider habe ich auch schon festgestellt, dass die Leute gar nicht tun, was ich befehle. Die lachen mich höchstens aus. Ihr habt Recht: Die

Kappe, die Kelle und die Trillerpfeife machen aus mir in Wirklichkeit noch keinen Polizisten.« (Du legst die drei Dinge auf die Seite.)

»Es gibt Menschen, die behaupten, sie seien jemand Bestimmtes, und sind es in Wirklichkeit nicht. Genau genommen verkleiden sie sich nur . . . Manche Menschen tun so, als wüssten sie genau, was für die anderen richtig und gut ist. Leider gibt es Menschen, die böse sind, sich aber so gut verstellen, dass man es nicht immer gleich merkt. Wir müssen also genau darauf achten, wem wir vertrauen.

Wenn wir wissen wollen, was wirklich gut ist für uns Menschen, können wir in der Bibel nachlesen.« (Du hältst deine Bibel hoch.) »Denn durch die Bibel spricht Gott zu allen Menschen. Da drinnen steht auch geschrieben, was Gott gut und richtig findet. Dort steht: ›Du sollst den Herrn, deinen Gott, lieben mit deinem ganzen Herzen und mit deiner ganzen Seele und mit deiner ganzen Kraft und mit deinem ganzen Verstand, und deinen Nächsten sollst du lieben wie dich selbst.‹

Ja, das klingt ganz anders als menschliche Gesetze. Gottes Gebot ist gut, weil er uns lieb hat. Er ist der Einzige auf der ganzen Welt, für den jeder Mensch wichtig ist und der wirklich jeden Menschen liebt, auch die, die wir nicht leiden können: Um uns das zu sagen, hat Gott Jesus auf diese Welt geschickt, und er hat uns auch gezeigt, wie wir unseren Nächsten lieben können.

Ich wünsche mir, dass ihr euch etwas ganz besonders gut merkt: Gott hat uns lieb und wir dürfen ihn auch lieb haben. Gott tut uns Gutes und wir dürfen ihm und anderen Menschen Gutes tun.«

Liedvorschlag: Wir tragen viele Masken

Mach den ersten Schritt!

Biblischer Bezug: Freuen sollen sich alle, die Frieden stiften, denn sie sollen Gottes Kinder genannt werden. (Matthäus 5,9)

Zielgedanke: Gott schenkt Vergebung und macht uns zu Friedensstiftern.

Material: –

»Wer von euch weiß, warum Jesus auf die Welt gekommen ist? Es gibt mehrere Gründe dafür, aber ein ganz wichtiger davon ist, dass Jesus zwischen den Menschen und Gott Frieden stiften wollte.

Was bedeutet denn ›Frieden stiften‹? Und warum ist das wichtig?

Weil die Verbindung zwischen Gott und den eigensinnigen, dickköpfigen Menschen gestört war und immer wieder ist. Und ohne eine gute Verbindung zu Gott wird unser Leben nicht so richtig glücklich. Doch Jesus ist es gelungen, Frieden zu stiften. Darum kann nun jeder Mensch direkt mit Gott sprechen und ihn um Vergebung bitten. Gott vergibt gerne. Er schenkt uns immer wieder einen neuen Anfang.

Aber was passiert, wenn meine Beziehung zu meinen Mitmenschen oder deine Verbindung zu deinen Mitmenschen gestört ist? Wenn es wie bei einem Telefon ist, wo es nur so rauscht und knackst in der Leitung? Dann gilt das Wort Jesu: ›Freuen sollen sich alle, die Frieden stiften, denn sie sollen Gottes Kinder genannt werden!‹ Das bedeutet nichts anderes, als dass wir Jesus nachfolgen und uns um Frieden bemühen sollen. Gott möchte nämlich nicht nur, dass die Verbindung zwischen dir und ihm in Ordnung ist – er möchte, dass wir Menschen uns untereinander auch vertragen! Gelingt euch das immer? Leider nein – es gibt immer wieder Streit. Aber wenigstens Erwachsene streiten sich nie, die haben schon gelernt, wie es ohne Streit geht – oder etwa nicht?!

Nein, leider nicht. Erwachsene streiten leider oft genauso wie Kinder. Und darum gilt das Wort Jesu für alle Menschen. Das heißt nicht, dass wir nicht sagen dürfen, wenn wir anderer Meinung sind, dass wir immer nur mit dem Kopf nicken sollen. Schlecht ist aber der Streit, wo einer den anderen fertig machen will.

Müssen wir immer weiter streiten, oder kann man etwas dagegen tun? –

Wir können Jesus bitten, dass er uns beim Friedenschließen hilft. Aber wie geht das? –

Jesus sagt, dass alle, die sich um Frieden bemühen, besonders glücklich sein werden, hier auf der Erde, aber ganz besonders, wenn wir bei Gott im Himmel sein werden. Wenn das so ist, dann möchte ich ein Friedensstifter sein! Ihr auch?

Eigentlich ist es gar nicht schwer. Wenn ich gestritten habe, wütend bin oder Kummer habe, dann rede ich zuerst mit Gott darüber. Ich sag ihm einfach alles, was ich fühle – für Gott ist das o.k.! Und wenn ich gut zuhöre, antwortet er mir auch. Manchmal schenkt er mir z.B. eine Idee, wie ich die Dinge nach einem Streit wieder in Ordnung bringen kann. Habt ihr auch Ideen dazu? Wie macht denn ihr das nach einem Streit?« –

(Miteinander reden, denjenigen um Vergebung bitten, mit dem ich gestritten habe, sich wieder vertragen und Frieden schließen.)

»Manchmal aber – leider – bin ich nach einem Streit so beleidigt oder trotzig, dass ich mich gar nicht bei dem anderen entschuldigen möchte. Auch dann kann ich mit Jesus darüber reden. Er kann alles in Ordnung bringen, auch meinen Dickkopf.

Aber wie ist das, wenn andere miteinander streiten - soll man sich da besser heraushalten, sich nicht einmischen, die anderen einfach streiten lassen? -

Man kann auf jeden Fall versuchen, mit den Streitenden zu reden, sie zu beruhigen. Vielleicht kann man sogar einen Spaß machen und alle wieder zum Lachen bringen. Vielleicht muss man auch Erwachsene zu Hilfe holen. Auch wenn das Friedenstiften nicht immer gelingt - der Versuch lohnt sich und Jesus will uns dabei helfen.«

Liedvorschlag: Hevenu shalom alechem

Kuschelig warm

Biblischer Bezug: Meine Brüder, was nützt es, wenn einer sagt, er habe Glauben, aber es fehlen die Werke? Kann etwa der Glaube ihn retten? Wenn ein Bruder oder eine Schwester ohne Kleidung ist und ohne das tägliche Brot und einer von euch zu ihnen sagt: Geht in Frieden, wärmt und sättigt euch!, ihr gebt ihnen aber nicht, was sie zum Leben brauchen – was nützt das? So ist auch der Glaube für sich allein tot, wenn er nicht Werke vorzuweisen hat. (Jakobus 2,14-17)

Zielgedanke: Glaube und Liebe führen zum Tun des Guten.

Material: eine warme Jacke

»Sagt einmal, wem von euch ist schon mal ganz fürchterlich kalt gewesen? –

Warum war dir denn kalt? –

Und was hast du gemacht? –

Wisst ihr, was Tiere machen, wenn ihnen kalt ist?« (Sie rollen sich zusammen, drängen sich aneinander, um sich zu wärmen, wenn sie in der Herde leben.)

»Wenn du frierst und deine Mama ist da – was tust du dann? Kuschelst du dich nicht ganz fest an sie? Und wenn deine Mama eine warme Jacke an hat ...« (Du zeigst deine Jacke und schlüpfst hinein) »... und du bist neben ihr und frierst – was wird sie dann wohl tun?

Ich glaube, sie wird ihre Jacke ausziehen, sie dir umhängen und dich fest darin einpacken. Es ist für sie wichtiger, dass du es warm hast, als dass sie selbst es warm hat.

Sie sagt nicht nur, dass sie dich lieb hat, sondern sie zeigt es dir auch. Sie zeigt es dir, wenn sie mit dir spielt oder dir am Bett eine Gute-Nacht-Geschichte vorliest. Sie zeigt dir, dass sie dich lieb hat, wenn sie für dich kocht und dafür sorgt, dass es dir gut geht. Sie zeigt es dir, wenn sie dir ein Küsschen schenkt, mit dir lacht und dich tröstet, wenn du Schmerzen hast oder traurig bist.

Hast du das gern, wenn dich jemand wirklich lieb hat? Macht es dich froh? Glücklich? Zufrieden? Mich schon! Dass Gott mich lieb hat und meine Freunde mich lieb haben, das fühlt sich so richtig angenehm kuschelig an.

Und wisst ihr was? Wir, das heißt du und ich, dürfen mithelfen, dass sich andere Leute auch wohl fühlen. Jeder Mensch braucht Liebe und Freundschaft. Gott hat uns seine Liebe und Freundschaft geschenkt, denn ohne seine Liebe wäre es in der Welt bitterkalt. So kalt, dass uns keine Jacke wärmen könnte. Aber seine Liebe kann dein und mein Herz warm und froh machen. So froh, dass jeder von uns anderen Menschen Liebe und Freundschaft schenken kann. Hast du eine Idee, wie du Liebe weiterschenken kannst?

Jemandem Freude zu machen ist gar nicht so schwer! Lasst es uns doch kommende Woche ganz besonders versuchen – mit Gottes Hilfe!«

Liedvorschlag: Dann fängt die Liebe erst an

Teil

Die Gemeinde

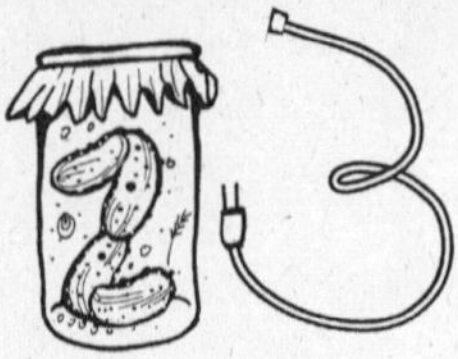

Ein Haus für Gott

Biblischer Bezug: Er kam und verkündete den Frieden euch, den Fernen, und uns, den Nahen. Durch ihn haben wir beide in dem einen Geist Zugang zum Vater. Ihr seid also jetzt nicht mehr Fremde ohne Bürgerrecht, sondern Mitbürger der Heiligen und Hausgenossen Gottes. Ihr seid auf das Fundament der Apostel und Propheten gebaut; der Schlussstein ist Christus Jesus selbst. Durch ihn wird der ganze Bau zusammengehalten und wächst zu einem heiligen Tempel im Herrn. Durch ihn werdet auch ihr im Geist zu einer Wohnung Gottes erbaut. (Epheser 2,17-22)

Zielgedanke: Jeder Einzelne ist in der Gemeinde wichtig, hat dort seinen Platz und seine Aufgabe. Jeder ist ein Baustein im Tempel Gottes.

Material: Lego- oder Duplosteine mit einer Fundamentplatte (Alternative: Streichholzschachtel, die von den Kindern - evtl. mit ihrem Namen beklebt - mitgebracht und während der Andacht zu einem Haus zusammengebaut werden)

Du hast einen mittelgroßen Kasten mit Lego- oder Duplosteinen mitgebracht und beginnst mit den Steinen ein Haus zu bauen (oder stellst ein angefangenes fertig). Währenddessen begrüßt du die Kinder.

»Sagt einmal, kann man mit diesen Bausteinen auch noch andere Dinge bauen außer Häuser? - Welche denn?

Das sind ja tolle Ideen, die ihr da habt! Baut ihr gerne damit? Ich schon. Wenn ich ein Legohaus baue, dann hat jeder Baustein seinen Platz – ist das bei euch auch so? Oder baut ihr einfach wild drauflos? – Das geht nicht lange gut. Denn wenn ich hier ein paar Steine weglasse und dort einfach ein paar dazugebe ...« (Du machst es.) »... wird das Ganze eine wackelige Angelegenheit, und schön aussehen tut's auch nicht gerade. Wenn ich mir vorstelle, ich müsste in so einem windschiefen Ding wohnen ... Da hätte ich ja immer Angst, dass es über meinem Kopf einstürzt!

Stellt euch jetzt einmal vor, dass jeder von uns hier und jeder, der sonntags im Gottesdienst sitzt, ein Ziegelstein ist. Könnt ihr euch das vorstellen? –

Und jetzt überlegt einmal, wie viele Menschen es gibt, die Jesus lieb haben und an ihn glauben. Wenn alle diese Leute auch Ziegelsteine sind – dann könnte ein guter Baumeister daraus ein riesiges, wunderschönes Haus bauen – oder vielleicht auch viele kleine, wunderschöne Häuser, stimmt's? Ein Haus oder viele Häuser, in dem alle Menschen willkommen sind und sich wohl fühlen können. Das wäre doch toll!

Und genau das möchte Gott mit uns tun. Er möchte aus uns allen eine Gemeinde, seine Kirche, bauen, in der sich Alte, Junge, Kinder, Gesunde, Kranke, Fremde ... geborgen fühlen können.

Dazu braucht er aber jeden Einzelnen von uns. Möchtest du auch ein Ziegelstein für Gott sein? Damit er auch aus dir und mir und uns allen hier eine tolle Gemeinde bauen kann? Ich möchte das schon! Gott traut uns zu, dass wir uns umeinander kümmern, einander Freude machen, einander trösten, weiterhelfen und Mut machen. Wir dürfen miteinander spielen und lachen, manchmal auch weinen, miteinander arbeiten und Feierabend machen ... Mit Gottes Hilfe wird auch unsere Gemeinde ein wunderschöner Ort. Wunderschön, weil Gott durch dich und mich sichtbar wird und hier wohnen kann, und wir mit ihm.«

Liedvorschlag: Jesu will uns bau'n zu einem Tempel

(Der Gedanke wird in Andacht 24 weitergeführt.)

Mit gutem Grund

Biblischer Bezug: Denn einen anderen Grund kann niemand legen als den, der gelegt ist: Jesus Christus. (1. Korinther 3,11)

Zielgedanke: Jedes Haus - auch die Gemeinde - braucht ein tragfähiges Fundament und ein schützendes Dach. (Fortsetzung der Andacht 22)

Material: Noch einmal Lego- bzw. Duplosteine oder Streichholzschachteln (mit einem Karton als Dach) mit Fundamentplatte

»Worüber haben wir das letzte Mal gesprochen? Wer möchte uns das erzählen? -

Es ging darum, dass Gott aus uns allen hier sozusagen ein Haus bauen möchte. Ein Haus, in dem Menschen sich wohl und geliebt fühlen können.

Heute habe ich noch einmal Legos (Duplos) mitgebracht. Jetzt muss ich doch mal testen, ob ihr wirklich Ahnung vom Hausbau habt. Könnt ihr mir bitte sagen, womit ich beginnen muss? Ihr habt ganz Recht: Mit dem Fundament. Auf das Fundament legt man dann die Ziegel, und zum Abschluss kommt . . .? Das Dach!

Wer oder was kann denn für unsere Gemeinde (Kirche) das Fundament sein?

Das Fundament, auf dem wir unser Leben und unsere Gemeinde aufbauen können, ist Gottes Sohn, Jesus Christus. Er ist so stark, dass er uns tragen kann, auch wenn rund um uns der Sturm tobt und am Dach reißt.

Apropos Dach: Gott hat uns nicht nur in Jesus das beste Fundament gegeben, er sorgt auch gleich selbst für unser Dach. In der Bibel wird zwar von einem ›Schirm‹ gesprochen, aber das hat die gleiche Bedeutung wie ›Dach‹. Gott selbst also sorgt für unseren Schutz.«

Du zeigst das Legohaus. »Jetzt stellt euch vor: Da unten ist das Fundament - also Jesus - damit wir nicht versinken können. Wir sind die Ziegelsteine, mit denen das Haus Gottes gebaut wird. Wir dürfen einander stützen. Und obendrauf ist das Dach, also Gott, unter dessen Schutz wir leben und der auch unsere Gemeinde behütet.

Wenn ich mir das so vorstelle, dann bekomme ich Mut und Freude, um mich für ein schönes ›Gemeindehaus‹ einzusetzen. Ihr auch?«

Liedvorschlag: Wo zwei oder drei in meinem Namen versammelt sind

Bunt und duftend

Biblischer Bezug: Wir sind doch der Tempel des lebendigen Gottes; denn Gott hat gesprochen: Ich will unter ihnen wohnen und mit ihnen gehen. Ich werde ihr Gott sein, und sie werden mein Volk sein. (2. Korinther 6,16)

Zielgedanke: Alle Menschen, die Christus lieben, gehören zum bunten »Gemeindestrauß«.

Material: ein bunter Blumenstrauß, möglichst gut duftend, mit mindestens so vielen Blumen wie Kinder anwesend sind

Du erscheinst mit einem Blumenstrauß in der Hand und begrüßt die Kinder.

»Wie gefällt euch dieser Blumenstrauß? –

Ich finde ihn sehr schön. Mir gefallen Blumensträuße besonders, wenn sie bunt gemischt sind. In diesem hier sind ganz verschiedene Arten und verschiedene Farben – sogar die Länge der Pflanzen ist unterschiedlich. Und trotzdem passt alles zusammen. Jedes Pflänzchen ist genau an dem Platz, wo es hingehört. Schnuppert einmal dran – die riechen auch noch gut!

Jetzt verrate ich euch etwas: Fast immer, wenn ich an einer Blumenwiese vorbeigehe, wo alle möglichen Pflänzchen wachsen, oder wenn ich so einen Blumenstrauß sehe wie diesen hier, muss ich an unsere Gemeinde (Kirche) denken.

Wieso bloß? –

Ich sag's euch: Weil ich mir vorstelle, dass auch unsere Gemeinde so etwas wie ein bunter Blumenstrauß sein kann. Es gibt bei uns kleine und große Pflänzchen, damit meine ich Erwachsene, Kinder, Alte, Junge (vielleicht auch Leute mit unterschiedlicher Hautfarbe) und Menschen mit ganz verschiedenen Begabungen.

Freust du dich über genau die gleichen Dinge wie dein(e) Nachbar(in) hier oder bist du über genau die gleichen Dinge traurig? - Nein, auch darin unterscheiden wir uns zum Teil.

Wir sind also ganz unterschiedlich, so wie diese Blumen hier. Das ist gut so. Das ist sogar wunderbar! Denn dann haben wir die Chance, dass wir alle zusammen einen fröhlichen Blumenstrauß bzw. ›Gemeindestrauß‹ ergeben. Und wenn wir uns über jedes Pflänzchen, das hier ist, freuen, und wenn jeder an dem Platz ist, wo er gebraucht wird, dann wird unser Strauß wunderbar ›duften‹. Und dieser ›Duft‹ wird Gott große Freude machen, und andere Menschen wie die Bienen anlocken, weil es bei uns so schön ist.

Wenn ihr das nächste Mal Blumen seht - denkt daran, dass auch ihr ein hübsches Blümchen seid und für unsere Gemeinde und Familien wichtig. Gerade durch unsere Unterschiede ergänzen wir einander und können so zu einer wirklich prachtvollen Gemeinde werden.

Und jetzt bekommt noch jeder von euch eine Blume mit. Ihr könnt euch eine aussuchen. Sie soll euch daran erinnern, dass wir einander brauchen und erst gemeinsam wirklich schön anzusehen sind.«

Liedvorschlag: Schwarze, Weiße, Rote, Gelbe, Gott hat sie alle lieb

Licht und Wärme

Biblischer Bezug: Auf, werde licht, denn es kommt dein Licht, und die Herrlichkeit des Herrn geht leuchtend auf über dir. (Jesaja 60,1)

Zielgedanke: Alleine sind wir schwach. Gemeinsam sind wir ein strahlendes und wärmendes Zeichen für Gottes Liebe.

Material: eine Kerze für jedes Kind und für dich selbst

Alle Kinder bleiben mit einem Mitarbeiter vor der Tür. Dort bekommt jedes Kind eine Kerze. Der Mitarbeiter erklärt den Kindern, dass du drinnen sitzt, ganz allein in dem großen Raum.

»Er braucht euch, Kinder, der Arme ganz allein! Bitte stellt euch hintereinander auf, geht einer nach dem anderen hinein und setzt euch zu ihm. Dann schauen wir, was passiert.« (Vorsicht, Kerzenwachs!)

Im Raum sitzt du und zündest gerade deine Kerze an.

»Jetzt sitze ich hier mit meinem kleinen Lichtchen. Man sieht's ja kaum. Aber wenn ich die Hand hinhalte, kann ich mir wenigstens die Finger wärmen ...

Ja, da kommt ja die ... und der ... und ..., alle ›meine‹ Kinder kommen da! Ja, setzt euch nur gleich zu mir mit euren Kerzen. Aber passt gut auf, dass nichts passiert.

Jetzt sagt einmal: Was ist denn anders geworden, seid ihr da seid und ich nicht mehr alleine bin? –

Ja, es ist viel heller geworden. Und was passiert – wenn wir alle unsere Kerzen zusammenhalten? Ja, es ist viel heller und auch viel, viel wärmer! So richtig zum Wohlfühlen!

Genau darum brauchen wir einander, brauchen wir unsere Gemeinde (Kirche): Alleine sind wir ziemlich schwach, ja, manchen Leuten wird's gar nicht auffallen, dass es uns gibt! Alleine kann jeder von uns ein bisschen Wärme und Liebe weiterschenken – das ist schon sehr gut. Doch wenn wir alle zusammen sind, dann wird's gleich so warm wie vor einem schönen Kaminfeuer. Aber nicht nur wir sollen uns miteinander wohl fühlen, sondern auch andere Menschen, auch die Leute, die noch nicht gehört haben, dass Gott uns lieb hat und Jesus für uns auf die Welt gekommen ist. Wenn hier ein Platz ist, wo man Kraft und Hoffnung und Freude bekommt und mitnehmen kann, dann werden auch fremde Menschen kommen und hier Jesus kennen lernen. Und das ist eine tolle Sache, jeder von uns ist dabei wichtig und kann mitmachen. Jeder kann wie eine kleine Kerze sein, die Licht in die Dunkelheit bringt. Nur dass unser Licht nicht ausgelöscht werden kann, weil Jesus uns immer von seinem Licht gibt. Ich wünsche uns allen, dass wir ein Licht sein können, an dem andere Menschen sich orientieren und wärmen können.«

Liedvorschlag: Mache dich auf und werde licht

27 Eine doppelte Schnur

Biblischer Bezug: Ein neues Gebot gebe ich euch: Liebt einander! Wie ich euch geliebt habe, so sollt auch ihr einander lieben. Daran werden alle erkennen, dass ihr meine Jünger seid, wenn ihr einander liebt. (Johannes 13,34-35)

Zielgedanke: Liebe und Gebet bilden eine starke Verbindung zwischen allen Christen.

Material: zwei unterschiedliche Früchte (z.B. ein Apfel und eine Banane), die mit einer aus zwei Bindfäden gedrehten Schnur verbunden sind.

Du fragst die Kinder, was sie da auf dem Tisch liegen sehen. Ihr sprecht darüber, dass diese Früchte sehr verschieden sind (Geschmack, Herkunftsland usw.) und überlegt, warum sie wohl mit einer Schnur verbunden sind.

»Diese Schnur schafft zwischen den Früchten eine ganz besondere Verbindung. Bewegt man die eine, bewegt sich auch die andere.

Wenn ihr euch die Schnur genau anguckt, was fällt euch dann auf? –

Sie besteht aus zwei Bindfäden, und diese zwei Fäden sind ineinander gedreht. Deshalb ist die Schnur so fest und stark.

Habt ihr eigentlich schon einmal die Schnur bemerkt, mit der die Menschen in unserer Gemeinde miteinander verbunden sind? –

Ihr meint, die gibt's nicht? Da irrt ihr euch aber! Diese Schnur sieht nur anders aus als diese hier. Aber sie ist auch aus zwei

Teilen gedreht, und sie hält die Gemeinde zusammen. Ich erkläre euch, wie ich das meine:

Habt ihr eigentlich schon einmal gebetet, mit Jesus gesprochen? Habt ihr auch schon andere Leute beten sehen? Oder kennt ihr jemanden, der für euch gebetet hat? Habt ihr selbst schon einmal für jemanden gebetet?! Das ist wunderbar!

Das Gebet ist der eine Teil der Schnur, von der ich spreche. Jetzt fehlt noch der zweite Teil - was könnte das sein? -

Der zweite Teil dieser unsichtbaren Schnur ist - die Liebe!

Liebe und Gebet füreinander sind das, was uns in der Gemeinde miteinander verbindet. Aber Liebe und Gebet verbinden nicht nur uns. Sie verbinden uns mit allen Menschen auf dieser Welt, die Gott lieb haben, und wenn sie so unterschiedlich sind wie Äpfel und Bananen. Liebe und Gebet verbinden uns alle auch - mit wem? Mit Gott, unserem Vater im Himmel. Ist das nicht toll?

Wenn ihr das nächste Mal eine Schnur seht, könnt ihr daran denken, wie schön es ist, dass keiner von uns alleine ist. Wir sind miteinander durch die Liebe Gottes und das Gebet verbunden. Und diese Verbindung ist besser als der stärkste Bindfaden.«

Liedvorschlag: Schließ uns zusammen, Herr

Das Orchester

Biblischer Bezug: Denn wie wir an dem einen Leib viele Glieder haben, aber nicht alle Glieder denselben Dienst leisten, so sind wir, die vielen, ein Leib in Christus, als Einzelne aber sind wir Glieder, die zueinander gehören. Wir haben unterschiedliche Gaben, je nach der uns verliehenen Gnade. (Römer 12,4-6a)

Zielgedanke: Die Gemeinde ist wie ein Orchester, in dem jeder ein Instrument spielt und dessen Dirigent Jesus ist.

Material: verschiedene Musikinstrumente, wie Rasseln, Trommeln, Triangeln u.ä.

Du hast Musikinstrumente mitgebracht und teilst sie an einige der Kinder aus.

»Natürlich weiß jeder von euch, wozu man Instrumente braucht – zum Musikmachen, klar! Die, die kein Instrument spielen können, die dürfen entweder klatschen, mit den Füßen trampeln, mit den Fingern schnippen oder klopfen. Wir können natürlich auch singen, pfeifen oder schnalzen . . . Jeder von uns kann etwas zu unserem Orchester beitragen.«

Du fragst, wer was machen möchte, und teilst Gruppen ein.

»Ich habe vor, heute mit euch ein Lied einzuüben, und ihr alle seid mein Orchester. Das Lied heißt . . ., ihr kennt es ja schon gut. Und jetzt probieren wir einmal, wie es klingt, wenn wir es nicht nur singen, sondern mit ›Orchester‹ begleiten.«

(An dieser Stelle ist evtl. etwas Zeit zum Üben nötig.)

»Mit euch Musik zu machen, macht mir wirklich viel Freude, und es klingt schon so gut! Wenn wir jetzt noch mehr Zeit zum Üben hätten, würde es sicher bald ziemlich perfekt sein! Auch die berühmten Orchester und Solisten müssen viel miteinander üben, bevor sie ein Konzert geben. Und auch Leute, die moderne Musik machen, wie die Backstreet Boys, üben viel, bevor sie vor Publikum spielen.

Ein Lied klingt dann super, wenn alle, die mitmachen, sich Mühe geben und Spaß dran haben.

Jetzt schaut euch einmal um: Unsere Gruppe hier und erst recht unsere Gemeinde besteht aus vielen verschiedenen Leuten, alten und jungen, gesunden und kranken. Da gibt es Leute, die wir gut kennen oder mit denen wir befreundet sind, aber es gibt auch welche, die wir nur vom Sehen kennen.

Eine Gemeinde ist einem Orchester sehr ähnlich, denn auch hier gibt es unterschiedliche Menschen mit ganz unterschiedlichen Aufgaben. In einem Orchester spielen auch nicht alle Musiker das gleiche Instrument, z.B. die Flöte oder das Klavier. Doch jeder spielt das Instrument, das er besonders gut spielen kann. Und er passt genau auf, dass er nur dann spielt, wenn er dran ist. Würde jeder Musiker einfach nach Lust und Laune drauflosspielen, gäb's höchstens einen Riesenwirbel, aber kein schönes Konzert.

Sind bei euch im Kindergarten oder in der Schule alle Kinder gleich? Oder gibt es da auch Unterschiede? –

Natürlich, es sind nicht alle Kinder gleich – und auch nicht alle Erwachsenen. Das ist sehr gut so. Denn jeder Mensch, jedes Kind ist in seiner Art einzigartig und wichtig. Jeder Mensch wird gebraucht. Jeder Mensch hat eine Aufgabe, die nur er auf seine ganz bestimmte Art erfüllen kann. Jeder von uns, der heute hier ist, ist ein Original und von Gott geliebt!

Wenn wir uns bemühen, gut miteinander auszukommen und aufeinander zu hören, dann ist unsere Gemeinde so schön, wie es ein schönes Konzert ist. Nein, sie ist noch viel schöner, weil dann sogar fremde Menschen durch uns Gottes Liebe spüren können. Und etwas Schöneres gibt es gar nicht.

Miteinander liebevoll umgehen, das muss man üben, so wie ein Orchester fürs Konzert üben muss. Jeder kann lernen, auf den anderen Rücksicht zu nehmen und nicht überall seinen Dickkopf durchzusetzen. Wir können lernen, den anderen Menschen zu achten, weil auch er von Gott gewollt und geschaffen worden ist. So wie du und ich.

Das ist gar nicht immer so leicht. Für niemanden! Doch wir brauchen uns nicht alleine damit zu plagen. Auch ein Orchester spielt nicht einfach vor sich hin. Es hat einen Dirigenten, der den Musikern zeigt, wann und wie laut sie spielen sollen. Unser Dirigent ist Jesus. Er hat versprochen, dass er uns hilft, in unserem Leben und auch in dem der Gemeinde. Ihr könnt es mir glauben: Wenn Jesus etwas verspricht, dann hält er es auch.

Das gemeinsam geübte Lied wird noch einmal gesungen, getrommelt, gepfiffen . . .

Liedvorschlag: Wenn du glücklich bist, dann klatsche in die Hand

Teil

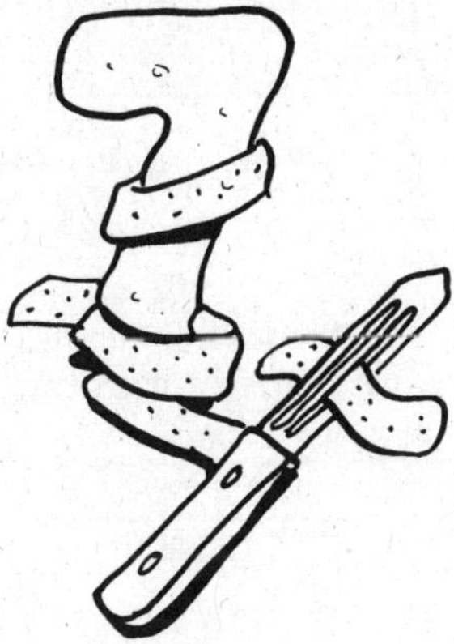

Das Gebet

29 Quasselstrippe

Biblischer Bezug: Wenn ihr betet, sollt ihr nicht plappern wie die Heiden, die meinen, sie werden nur erhört, wenn sie viele Worte machen. (Matthäus 6,7)

Zielgedanke: Beten ist nicht nur Reden mit Gott, sondern auch hören.

Material: ein Handy

Du kommst mal wieder deutlich zu spät. Ein Mitarbeiter sorgt dafür, dass alle Kinder sitzen, und sagt: »Eigentlich ist es ja längst Zeit, dass . . . auftaucht, aber anscheinend hat er sich verspätet . . . Hoppla, ich hör ihn ja schon . . . Ja, mit wem spricht er denn?«

Die Tür geht auf, du kommst herein. Du hältst ein Handy ans Ohr und sprichst unaufhörlich hinein, während du zu den Kindern gehst. Du setzt dich zu ihnen und redest unaufhörlich weiter. Nebenbei (üben!) begrüßt du die Kinder nickend und gestikulierend. Ein Mitarbeiter steht schließlich auf, geht auf dich zu und nimmt dir das Gerät aus der Hand.

»He, was machst du denn da!«, rufst du empört.

»Jetzt reicht's, du Quasselstrippe!«

»Aber wieso denn, du kannst doch nicht einfach mein Gespräch unterbrechen!«

»Ich habe dein Gespräch gar nicht unterbrochen – weil du nämlich gar kein Gespräch geführt hast!«

»Aber natürlich! Ich habe gerade mit meinem besten Freund geredet und ihm alles erzählt.«

»Was - alles?«

»Ja, alles halt!«

»Und was hat er dazu gesagt?«

»Wieso?«

»Ja, was hat er denn zu all den Dingen gesagt, die du ihm da erzählt hast?«

»Tja, eigentlich . . . ja, eigentlich hat er gar nichts gesagt.«

»Er hat gar nichts gesagt?«

»Naja, eigentlich hab nur ich geredet!«

»Und er hat gar nicht darauf geantwortet?«

»Naja, er hätte sicher geantwortet . . . aber . . . aber ich hab gar nicht hingehört . . .«

»Siehst du, genau deshalb hab ich dir das Handy weggenommen. Es ist sinnlos, wenn einer nur redet und der andere gar nicht antworten kann.«

»Wenn wir mit Gott reden, können wir es besser machen als ich es gerade gemacht habe. Natürlich können wir ihm alles erzählen, was wir erleben und was wichtig für uns ist. Aber dann sollten wir mal ein bisschen still sein und einfach an Gott oder an Jesus denken. Wir können ihn bitten, dass er zu uns spricht. Das tut er, wenn wir in der Bibel lesen, oder indem er uns gute Gedanken schenkt oder Freude in unser Herz oder indem er uns an wichtige Dinge erinnert, die wir tun sollten. Gott will mit uns sprechen, aber das geht nur, wenn wir zwischendrin unseren ›Schnabel‹ halten und zuhören. Versucht es gleich heute!«

Liedvorschlag: Danke, Herr Jesus, hab Dank, Herr

Immer auf Empfang

Biblischer Bezug: Rufe mich an am Tag der Not; dann rette ich dich, und du wirst mich ehren. (Psalm 50,15)

Zielgedanke: Gott ist jederzeit für uns zu erreichen.

Material: ein Handy

Du hast ein Handy dabei, das in deiner Jackentasche steckt.

»Einen kleinen Moment bitte: – Ich muss dieses Ding da aus der Tasche nehmen, bevor ich mich noch drauf setze!«

(Du nimmst das Handy und legst es zur Seite.)

»So, das wäre geschafft . . . Wisst ihr, so ein Handy ist wirklich sehr praktisch. Ich kann damit von fast überall jemanden anrufen und brauche nicht mehr zu einer Telefonzelle zu gehen. Ich brauche auch nicht zu warten, bis ich zu Hause bin, um zu telefonieren. Ich könnte jetzt auch anrufen – von hier aus! Aber das mach ich nicht! Denn schließlich bin ich jetzt hier, um mit euch zusammen zu sein. Und da will ich nicht gestört werden. – Ach, da fällt mir ein: Ich muss es ja noch abschalten, sonst ruft mich jemand hier an! Das möchte ich nicht! Entschuldigt mich kurz . . . So, jetzt ist es ausgeschaltet. Jetzt kann ich niemanden anrufen, aber dafür kann auch niemand mich anrufen!

Ich hab manchmal schon über das Handy nachgedacht. Es ist ja wirklich praktisch, jederzeit jemanden anrufen zu können. Nur, wenn der das Gleiche macht wie ich und einfach abschaltet, dann kann ich trotzdem nicht mit ihm sprechen.

Bei Gott ist das ganz anders. Der hat noch viel mehr ›drauf‹

als das tollste Handy und – er schaltet nie ab! Mit ihm kann man nämlich wirklich zu jeder Zeit und von jedem Ort aus sprechen. Er ist sozusagen immer auf ›Empfang‹ geschaltet. Bei ihm gibt es das nicht, dass er den Knopf drückt oder das Kabel rauszieht. Er ist immer für ein Gespräch bereit. Es geht ihm auch nicht so wie mir. Er sagt sich nicht: Ich will jetzt nicht gestört werden. Gott ist da ganz anders; er sagt: Rufe mich an am Tag der Not (natürlich nicht *nur*, wenn wir in Not sind), ich werde dich erretten und du wirst mich loben und mir danken.

Damit könnten wir doch gleich anfangen, denn Gott hat jedem von uns schon geholfen. Lasst uns also gemeinsam Gott danken, ihm ein Loblied singen und mit ihm in Verbindung bleiben!«

Liedvorschlag: Singt und tanzt und jubelt laut vor Freude

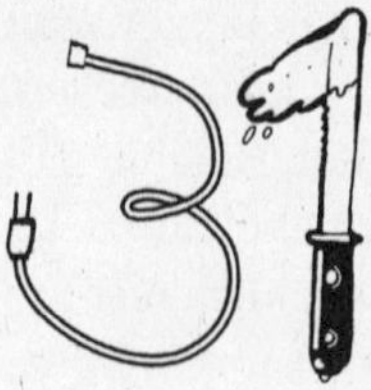

Stundenlang beten?

Biblischer Bezug: Betet ohne Unterlass! (1. Thessalonicher 5,17)

Zielgedanke: Beten ohne Unterlass bedeutet, immer in Gottes Nähe zu leben.

Material: –

Zu Beginn der Andacht sammelst du mit Kindern (im Kopf oder an einer Tafel, Plakatwand o.ä.) Synonyme für das Wort »sprechen« (reden, quatschen, schwätzen, plappern, labern, erzählen . . .).

»Wenn jemand mit Gott spricht, dann nennen das viele Leute anders. Wisst ihr, wie? –

Richtig, man nennt es beten. Mit Gott reden oder zu Gott beten bedeutet das Gleiche.

Manche Menschen beten nie oder ganz selten. Manche Leute beten zu bestimmten Zeiten. Wisst ihr, wann man und wie oft man beten soll? –

Zum Frühstück, zum Mittag- und zum Abendessen? Woher kann ich denn das wissen? –

Ich glaube, ich schau mal in meiner Bibel nach. Da wird ja wohl was dazu stehen. Am besten schlage ich den Thessalonicherbrief auf . . . da stehen so praktische Sachen . . . Kann jemand von euch den Vers vorlesen? Da steht: ›Betet ohne Unterlass.‹ ›Ohne Unterlass‹, das heißt nichts anderes als ›immer‹.

Aber das geht ja gar nicht. Ich kann ja nicht immer mit Gott reden! Wenn ich ständig beten müsste, würde ich ja nicht einmal jetzt mit euch reden können! Also das geht wirklich nicht! Oder doch?

Mit Gott ohne Unterlass reden, bedeutet eigentlich, dass wir immer in seiner Nähe leben sollen – und dürfen! Wir können mit ihm sprechen, durch unseren Mund, aber auch mit unserem Herzen. Wir können mit ihm sprechen, durch die Dinge die wir tun oder nicht tun. Wir brauchen nicht ständig zu reden. Mit Gott kann man auch reden, indem man ganz still ist. Gott interessiert sich für uns, und wir sind für ihn wichtig. Und zu wissen, was Gott will, ist für uns Menschen ungeheuer wichtig, denn ohne ihn sind wir hilflos und verloren.

Darum steht da: Betet, redet immer mit Gott! Egal, ob ihr euch freut oder ob ihr Probleme habt, ihr könnt ihm alles sagen, alles mit ihm besprechen! Dass wir immer in Gottes Nähe sein dürfen, ist ein Geschenk von Jesus und eine große Ehre, eine Auszeichnung. Wir haben jederzeit Audienz beim Chef der Welt!«

Liedvorschlag: Danke, Herr Jesus

Teil

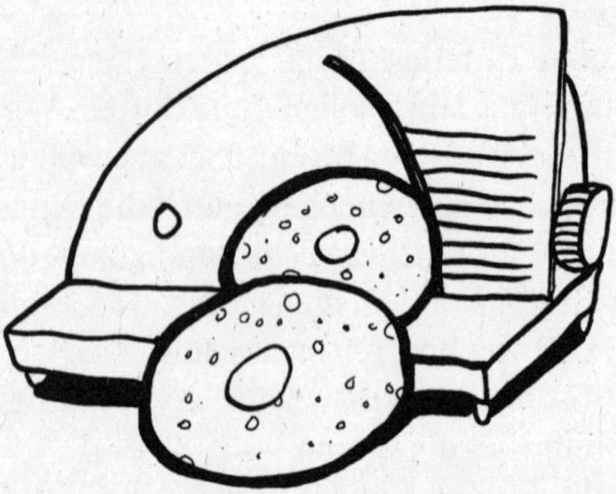

Du bist frei!

Sei du selbst!

Biblischer Bezug: Prüft alles und behaltet das Gute. (1. Thessalonicher 5,21)

Zielgedanke: Gott hat uns nicht als Marionetten geschaffen.

Material: eine Marionette

Du holst eine beliebige Marionettenfigur aus der Tasche. Während du die Fäden ordnest, beginnst du das Gespräch:

»Wer von euch weiß, was das ist?

(Wahrscheinlich wird die Figur benannt, z.B. Ente, Zwerg . . .)

»Das ist ganz richtig. Aber die Figur ist noch etwas anderes – wie nennt man das? –

Richtig, eine Marionette!

Was ist denn das Besondere an so einer Marionette?

Der ›Führer‹ bestimmt, was die Figur tut. Ich zeig's euch: Wenn ich möchte, dass die Figur den Kopf dreht, dann mach ich mit den Fingern so, und schwupp's – dreht sich der Kopf. Wenn ich möchte, dass sie zu dir geht, mach ich mit den Fingern so, und schon marschiert sie zu dir. Dieser kleine Kerl muss nicht selbst nachdenken, ob es richtig ist, was er tut, er braucht nicht nachzufragen – und er kann auch gar nichts anderes machen als das, was ich möchte!

Manche Menschen verhalten sich wie Marionetten. Sie denken nicht selbst nach, das überlassen sie anderen. Sie prüfen nicht, ob es richtig und gut oder falsch und schlecht ist, was sie tun. Sie machen einfach, was ihnen andere Menschen befehlen.

Manchmal muss man das tun. Wenn zum Beispiel dein Papa dir verbietet, über die Strasse zu laufen, ohne zu schauen. Da brauchst du gar nicht viel nachzudenken. Er hat Recht und du folgst ihm besser, weil sonst ein Unglück passiert.

Doch in vielen anderen Situationen sollen wir selbst nachdenken und prüfen, was uns andere Leute so erzählen oder befehlen wollen. Nicht jeder Mensch meint es mit den anderen gut. Und nicht alles entspricht dem, was Gott für unser Leben möchte.

Gott will, dass wir uns nicht wie Marionetten verhalten. Er wünscht sich, dass wir lernen, selbst nachzudenken und Entscheidungen zu treffen. Gott möchte, dass wir selbst mit ihm sprechen und ihn um seine Hilfe für unser Leben bitten.

Wir dürfen Gott vertrauen, aber Gott vertraut auch uns. Er mag dich, so wie du bist. Und er will dich nicht wie eine Marionette lenken. Du darfst sicher sein, dass du mit seiner Hilfe groß und tüchtig wirst - aber ganz auf deine Art.«

Liedvorschlag: Ich trau auf dich, o Herr

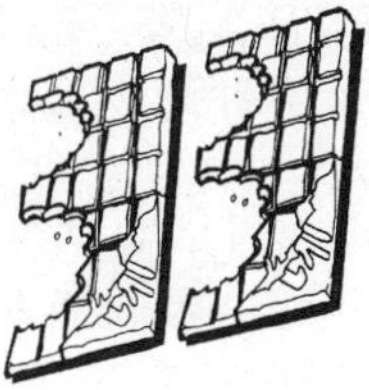

Mutig wie Winnetou

Biblischer Bezug: Habe ich dir nicht befohlen: sei mutig und stark? Fürchte dich also nicht, und hab keine Angst; denn der Herr, dein Gott, ist mit dir bei allem, was du unternimmst. (Josua 1,9)

Zielgedanke: Wir können »mutig und stark« sein, denn Gott ist mit uns.

Material: Du hast dein Gesicht »indianermäßig« bemalt und trägst evtl. sogar Federschmuck.

Du trittst würdevoll als Indianer vor die Kinder.

»Seid gegrüßt, Freunde! Ich muss euch leider enttäuschen: Ich bin nicht Winnetou. Ich bin ein verkleidetes Bleichgesicht. Aber ich wäre so gerne Winnetou! Kennt ihr Winnetou?«

(Wenn ja: Was gefällt euch denn an ihm; wenn nein: Er ist der Held in vielen Büchern. Er ist Indianer. Und in den Geschichten, in denen er spielt, ist er immer edel und großzügig, mutig und tapfer.)

»Ich möchte sein wie Winnetou, weil er in den Geschichten oder im Film immer so fair und mutig, tapfer und großzügig ist. Er ist nie feige. Er hilft und beschützt immer die Armen und Schwachen.

Meint ihr, dass ich mir diese Indianerzeichen aufgemalt und die Federn ins Haar gesteckt habe, hilft mir, wie er zu werden? –

Aber ich möchte doch gerne tapfer und mutig sein! Manchmal lachen mich nämlich Leute einfach aus, wenn ich ihnen sage, dass ich an Gott glaube. Oder sie behaupten, ich sei dumm, weil ich glaube, dass Jesus mich liebt. Früher hatte ich auch Mitschüler, die sagten, ich spinne, weil ich nicht lügen oder Süßigkeiten stehlen wollte. Heute gibt es Erwachsene, die mich Spielverderber nennen, wenn ich nicht so viel trinke wie sie. Manchmal möchte ich am liebsten davonlaufen, und manchmal bin ich deswegen auch schon ganz wütend geworden. Oder ich habe überhaupt nicht mehr gewusst, was ich tun oder antworten soll. Ist es euch auch schon so ergangen? –

Wie kann ich nur tapfer und mutig werden? Habt ihr eine Idee? –

Soll ich euch sagen, was mich schon ein bisschen mutiger gemacht hat? Das hier!« (Du hältst eine Bibel hoch.) »Ich habe nachgeschaut, wie Jesus es geschafft hat, so mutig, gerecht und liebevoll zu sein, viel mehr noch als Winnetou! Soll ich euch verraten, worauf ich da gestoßen bin? Da steht im Alten Testament eine Geschichte von einem Mann namens Josua. Gott spricht zu ihm und sagt: ›Ich sage dir noch einmal: Sei tapfer und entschlossen! Lass dich durch nichts erschrecken und verliere nie den Mut; *denn* ich, der Herr, dein Gott, bin bei dir, wohin du auch gehst!‹

Diese Worte gelten auch für uns. Gott ist immer bei uns. Wir brauchen keine Angst zu haben oder mutlos zu werden. Weil Gott bei mir ist, kann ich lernen, tapfer zu sein, liebevoll und mutig, kann ich Schwächere und Kleinere beschützen. Auch du kannst ein tapferer Christ werden. Dazu brauchst du keine Kriegsbemalung und keinen Federschmuck, sondern ein Herz, das Gott und deine Mitmenschen lieb hat.«

Liedvorschlag: Fürchte dich nicht, denn du bist mein

Die Falle

Biblischer Bezug: Der Geist des Herrn ruht auf mir, denn der Herr hat mich gesalbt. Er hat mich gesandt, damit ich den Armen eine gute Nachricht bringe; damit ich den Gefangenen die Entlassung verkünde und den Blinden das Augenlicht; damit ich die Zerschlagenen in Freiheit setze und ein Gnadenjahr des Herrn ausrufe. (Lukas 4,18-19)

Zielgedanke: Sünde und Fehlverhalten können wie eine Falle sein. Jesus kann uns befreien.

Material: ein Marmeladenglas, in das man mit der ausgestreckten Hand hineingreifen kann, aber mit der geballten Faust stecken bleibt; darin zwei bis drei ungeschälte Erdnüsse

»Weiß jemand von euch, was eine Falle ist?
Wer hat denn schon einmal eine gesehen?
Wozu werden Fallen aufgestellt?
Kann man Fallen immer gleich erkennen?
Seid ihr schon einmal in eine Falle gegangen? Nein? Ich schon – aber davon erzähle ich euch später.

In Afrika, das wisst ihr ja sicher, gibt es Löwen, Elefanten und auch Affen. Ich verrate euch jetzt, wie man dort kleine Affen fängt. Wollt ihr das wissen? Dann seht mal her:

Das hier ist ein leeres Marmeladenglas, und da tue ich jetzt diese Erdnüsse hinein – fertig ist die Falle!

Fallen stellt man sich anders vor, stimmt's? Trotzdem ist das hier eine Falle. Affen sind sehr neugierig, so wie manche Menschen auch. Und sie lieben Erdnüsse - und da wird's schon gefährlich für das Äffchen, denn es sieht die Erdnüsse, die es sooo gerne haben möchte, steckt die Pfote ins Glas, packt die Nüsse und - schwupp - schon ist es gefangen!«

(Du begleitest deine Erzählung, indem du vorführst, wie die Falle funktioniert.)

»Das Äffchen ärgert sich, und je mehr es sich ärgert, umso fester umklammert es die Nüsse. Und so lange es die Faust macht, kann es die Pfote nicht aus dem Glas herausziehen. Doch weil es sich so ärgert und herumtobt, hören es die Dorfkinder, die die Falle gestellt haben, und laufen schnell herbei, um den Affen einzufangen. Denn das ist jetzt ganz leicht geworden.

Warum bekommt denn der Affe seine Hand nicht mehr aus dem Glas? -

Weil er eine Faust um die Erdnüsse macht. - Und was müsste er tun, damit er die Hand rausziehen und davonlaufen kann? -

Richtig, er müsste die Hand aufmachen und die Erdnüsse liegen lassen.

Manchmal sind wir wie die Affen. Wir halten etwas fest, obwohl es uns nur schadet. Die Bibel nennt das Sünde. Wir halten an der Sünde fest, und die Sünde hält uns fest.

Was ist denn ›Sünde?‹ Sünde ist, wenn wir glauben, dass wir Gott nicht brauchen. Wenn wir meinen, dass wir alles besser ohne Gott und seine Gebote regeln.

Wenn wir Gott in unser Herz und Leben hineinlassen, dann ist das so, als würden wir die Faust aufmachen und unsere Hand aus der Falle ziehen. Dann sind wir frei. Jesus hat uns versprochen, uns dabei zu helfen. Aber wobei brauchen wir denn überhaupt seine Hilfe? Wir sind doch so schlau! Kennt ihr ein paar versteckte Fallen, in die wir hineingeraten können? -

Fallen gibt es genug, aber, und das ist wunderbar, wir sind eben keine kleinen Affen und durch Jesus haben wir die Chance, herauszukommen und uns retten zu lassen. Das stimmt wirklich!

Denn ich war auch einmal in einer Sündenfalle gefangen - und dann habe ich zu Jesus geschrien, damit er mich frei macht. Und das hat er getan. Er hat mich gerettet.«

(Hier kannst du veranschaulichen, was »Erdnüsse« sein können.)

»Wir brauchen wegen unserer Fehler nicht den Mut zu verlieren. Er ist bei jedem von uns und er hat uns lieb. Wenn wir ihn bitten, hilft er uns aus jeder Falle, denn seine Liebe zu uns ist viel stärker als die Sünde, als alles Böse.«

Liedvorschlag: Kommt, sagt es allen weiter, ruft es in jedes Haus hinein

35 Augen auf!

Biblischer Bezug: Deshalb rede ich zu ihnen in Gleichnissen, weil sie sehen und doch nicht sehen, weil sie hören und doch nicht hören und nichts verstehen. An ihnen erfüllt sich die Weisung Jesajas: Hören sollt ihr, hören, aber nicht verstehen, sehen sollt ihr, sehen, aber nicht erkennen.

Denn das Herz dieses Volkes ist hart geworden, und mit ihren Ohren hören sie nur schwer, und ihre Augen halten sie geschlossen, damit sie mit ihren Augen nicht sehen und mit ihren Ohren nicht hören, damit sie mit ihrem Herzen nicht zur Einsicht kommen, damit sie sich nicht bekehren und ich sie nicht heile.

Ihr aber seid selig, denn eure Augen sehen und eure Ohren hören. Amen, ich sage euch: Viele Propheten und Gerechte haben sich danach gesehnt zu sehen, was ihr seht, und haben es nicht gesehen, und zu hören, was ihr hört, und haben es nicht gehört. (Matthäus 13,13-17)

Zielgedanke: Jesus kann uns Menschen, die wir oft wie blind durch die Welt gehen, sehend machen, hörend, fühlend.

Material: ein undurchsichtiges Tuch, groß genug, um die Augen eines Kindes zu verbinden

»Heute brauche ich einen Freiwilligen! Wer möchte zu mir kommen und mir helfen? . . . ist so lieb und hilft mir heute bei einem Spiel. Vielleicht kennt ihr es. Es heißt ›Blinde Kuh‹. Wisst ihr, wie das geht?

Ich werde jetzt dieses Tuch um den Kopf von . . . wickeln, so dass seine Augen gut zugedeckt sind.«

(Kontrolliere, ob das Kind durchblinzeln kann.)

»Okay, das passt. . . . sieht nichts mehr. – Heißt das, dass er jetzt blind ist? Nein, natürlich nicht. Er kann sehen und doch nicht sehen, weil seine Augen mit dem Tuch verdeckt sind.

Einige Kinder stellen sich jetzt im Kreis um ihn auf, ich drehe . . . ein bisschen um sich selbst und dann muss er versuchen, ein paar von den Kindern zu fangen. Probieren wir es einmal.«

Du lässt die Kinder einige Minuten »Blinde Kuh« spielen. Dann fragst du den Fänger und die anderen Kinder, wie sie sich gefühlt haben.

»Jetzt nehmen wir die Augenbinde weg und machen das Ganze noch einmal.«

(Die Kinder spielen Fangen ohne Augenbinde.)

»Und – war das Fangen jetzt einfacher? Hast du mehr Kinder erwischt? Und wie hast du dich jetzt gefühlt?

In der Bibel spricht Jesus einmal von Blinden und Tauben. Damit meint er Menschen, die nicht auf Gott hören wollen. Sie wollen nicht hören, dass sie ohne Gott verloren gehen. Sie wollen nicht hören, dass Gott sie liebt. Sie wollen nicht hören, dass auch sie Gott lieben sollen. Sie wollen nicht hören, dass sie auch ihre Mitmenschen achten und lieben sollen.

Alles, was sie interessiert, sind sie selbst. Sie sind das Wichtigste auf der Welt. Sie sehen nur sich selbst. Nur ihnen muss es gut gehen, nur sie müssen glücklich sein, nur sie wollen reden, nur sie müssen immer Recht haben. Alle anderen Menschen und auch Gott sind unwichtig. Solche Menschen sind wie jemand, dessen Augen verbunden, dessen Ohren verstopft sind und dessen Herz ganz hart geworden ist.

Sie können das Wichtige vom Unwichtigen nicht mehr unterscheiden. Sie merken nicht mehr, dass sie sich nur um sich selbst drehen.« (Du verdeckst wieder die Augen des Kindes.) »Eigentlich brauchen sie Hilfe.

Was machst du, . . ., wenn du willst, dass ich dir das Tuch von den Augen nehme? – Du bittest mich, das Tuch wegzunehmen.

Jesus kann jedem Menschen, der blind geworden ist gegenüber Gott und seinen Mitmenschen, helfen. Er kann ihn von seiner Blind- und Taubheit heilen und sein Herz neu und lebendig machen. Er kann sozusagen das Tuch wegnehmen, das diese Menschen vor Augen haben.«

(Jetzt erst nimmst du das Tuch weg.)

»Er kann sie wirklich heilen. Aber Jesus zwingt sie nicht dazu. Sie müssen es selbst wollen. Alles, was sie tun müssen, ist Jesus darum zu bitten. So wie . . . sagt: ›Bitte, nimm das Tuch runter‹, so können wir sagen: ›Jesus, bitte heile mein Herz, damit ich wieder fühlen und richtig sehen und hören kann!‹ Dann tut er es. Denn Jesus möchte, dass jeder von uns ein frohes und buntes Leben führen kann.«

Liedvorschlag: Ich will einzieh'n in sein Tor

Teil

Vergebung

Die Brille

Biblischer Bezug: Durch sein Blut haben wir die Erlösung, die Vergebung der Sünden nach dem Reichtum seiner Gnade. (Epheser 1,7)

Zielgedanke: Durch Christus sind wir vor Gott von aller Schuld rein gewaschen.

Material: eine Brille

»Ist euch eigentlich schon einmal aufgefallen, dass ich eine (keine) Brille trage? Wozu brauchen denn manche Menschen Brillen?

Jetzt sag ich euch etwas ganz Komisches. Gott trägt auch so etwas wie eine Brille. Natürlich nicht so eine, wie ich sie da habe. Sie sieht ganz anders aus. Ja, sie hat auch einen Namen. Und Gott selbst schaut durch sie hindurch. Wisst ihr, wie diese sogenannte Brille heißt?

Sie heißt Jesus Christus. Komische Idee, was? Jeder hier weiß, dass Jesus Christus Gottes Sohn ist, wie kann ich da auf die Idee kommen zu sagen, er sei wie eine Brille? Ich erkläre es euch: Auf der ganzen weiten Welt gibt es keinen Menschen, der ohne Fehler und ohne Schuld ist. Kein Mensch, der gerecht ist, keiner, der vor Gott bestehen könnte. Es hat auch nie einen gegeben. – Doch! Einen einzigen: Jesus, den Sohn Gottes. Er sündigte nicht ein einziges Mal. Und das ist gut für uns, ja, das ist unsere Rettung.

Warum wohl? –

Jede Sünde trennt uns von Gott. Und weil jeder Mensch schuldig wird, ist jeder Mensch von Gott getrennt. Das ist traurig.

Weil kein Mensch fehlerfrei ist, wären wir alle von Gott getrennt – wenn, ja, wenn es nicht Jesus gäbe. Denn: Wenn wir ihn um Vergebung bitten, vergibt er uns. Und weil Jesus uns vergibt, vergibt uns auch Gott. Dir und mir. Jede Sünde. Jederzeit. Jesus nimmt unsere Schuld von uns und trägt sie davon. Weil Jesus uns von der Last befreit, können wir zu Gott kommen und sind nicht mehr von ihm getrennt.

Gott sieht uns ›durch Jesus‹ an, so wie wir durch eine Brille sehen. Unsere Schuld verschwindet und ist wie ausgelöscht. Wir sind frei und erlöst und können von ganzem Herzen froh sein, denn es steht nichts mehr zwischen Gott und uns.

Weil es Jesus gibt, können auch wir zu Gottes Kindern werden. Und das ist das Allerbeste, was uns passieren kann.«

Liedvorschlag: Kommt, stimmet alle jubelnd ein, Gott hat uns lieb

Ein »guter Draht«

Biblischer Bezug: Und erlass uns unsere Sünden; denn auch wir erlassen jedem, was er uns schuldig ist. (Lukas 11,4)

Zielgedanke: Gott möchte, dass wir zu ihm und zu unseren Mitmenschen eine ungestörte Verbindung haben

Material: ein Telefon, evtl. auch ein Spielzeugtelefon

»So ein Telefon ist eine praktische Sache. Wenn man eins hat, kann man mit Leuten sprechen, obwohl sie weit weg sind. Das Telefon hier ist nicht angeschlossen, darum funktioniert es nicht. Aber mit einem richtigen Telefon kann ich sogar nach Afrika oder China oder Amerika telefonieren.

Telefoniert ihr gerne? –

Ist es euch auch schon passiert, dass es mitten in einem Gespräch im Hörer zu rauschen und knistern anfängt? So dass man den anderen gar nicht mehr richtig hört? Mir ist so etwas schon passiert, und manchmal ist mir dann gar nichts anderes übrig geblieben, als den Hörer aufzulegen und es später noch einmal zu versuchen.

Auch zwischen Gott und den Menschen kann die Verbindung gestört sein. Das ist dann der Fall, wenn wir schuldig werden, sündigen. Wisst ihr eigentlich, was das Wort ›sündigen‹ bedeutet?

Die Antwort ist eigentlich ganz einfach: Sündigen heisst, dass wir nicht das tun, was gut für uns ist, was Gott für uns möchte. Aber wer weiß denn schon immer, was gut für ihn ist? –

Gott weiß es. Gott weiß, was für uns gut ist. Denn Gott hat uns sehr, sehr lieb. Wenn du jemanden lieb hast, dann möchtest du auch, dass es ihm gut geht, stimmt's? So ist das auch bei Gott. Weil er uns lieb hat, will er, dass es uns gut geht und dass unsere Verbindung zu ihm gut ist. Darum sollen wir Gott fragen, was er für unser Leben möchte, wie wir leben sollen. Vieles davon steht schon in der Bibel. Dort können wir nachlesen.

Gott möchte auch, dass die Verbindung zwischen uns Menschen gut ist. Ihr wisst sicher, wie das ist, wenn man mit einem anderen Kind streitet. (Übrigens streiten sich ja nicht nur Kinder, Erwachsene streiten sich genauso.) Und schon ist die Verbindung gestört - zwischen uns, aber auch zwischen uns und Gott.

Wenn beim Telefonieren die Verbindung gestört ist, legen wir den Hörer auf und wählen nochmals. Aber was ist, wenn die Verbindung zwischen Gott und dir oder mir gestört ist? Dann haben wir eine wunderbare Möglichkeit: Wir können Gott jederzeit alles sagen, was uns auf dem Herzen liegt: allen Kummer, jeden Zorn, unsere Reue. Bei Gott finden wir Hilfe. Darum ist es auch gar nicht so schwer, Gott um Vergebung zu bitten. Menschen machen Fehler - Gott vergibt sie gerne. Wenn deine Verbindung zu Gott wieder in Ordnung ist, kannst du drangehen, auch die Verbindung zwischen dir und deinen Mitmenschen in Ordnung zu bringen. Auch dabei hilft dir Jesus. Probier's einmal aus und sprich mit ihm. Es ist herrlich, wenn zwischen Gott und dir und deinen Mitmenschen ein richtig guter Draht ist.«

Liedvorschlag: Nehmt einander an

Wie angenehm!

Biblischer Bezug: Ertragt euch gegenseitig, und vergebt einander, wenn einer dem anderen etwas vorzuwerfen hat. Wie der Herr euch vergeben hat, so vergebt auch ihr!

Zielgedanke: Gottes Vergebung schenkt neues Leben.

Material: eine gut duftende Creme oder ein Körperöl

Du zeigst den Kindern den Cremetiegel oder das Ölfläschchen und lässt es herumgehen.

»Wer von euch weiß, was da drinnen ist?

Riecht es gut?

Wer von euch kann mir sagen, wozu man so eine Creme verwenden kann? - Nehmt ruhig etwas davon.«

Du gibst den Kindern einen Klecks Creme auf die Hand, mit dem sie sich eincremen können.

»Ist das angenehm?

Ich hab das auch gerne, wenn die Haut so weich und glatt ist und so gut riecht. Dann komme ich mir fast vor wie ein neugeborenes Baby - ganz zart.

Wie fühlt sich die Haut denn an, wenn man sie eingecremt hat?

Manchmal bin ich nicht so lieb und nett, wie gerade jetzt und überhaupt nicht zart! Manchmal kann ich ganz schön zornig oder böse sein. Oder beleidigt. Oder unfreundlich. Oder dickköpfig. Ihr wisst sicher, was ich meine ... Wenn ich einen schlechten Tag habe, dann kann es schon passieren, dass ich auch zu anderen Menschen unfreundlich bin oder ungerecht. Früher oder später tut mir das dann Leid. Ist das bei euch auch so? –

Und was macht ihr dann? –

Wenn ich sozusagen ›ausgesponnen‹ habe, gehe ich dann zu dem hin, dem ich weh getan habe, und dann entschuldige ich mich. Ich bitte um Vergebung. Denn es tut wirklich gut, wenn einem vergeben wird. Kennt ihr das auch? Da ist man dann ganz froh und erleichtert, stimmt's?

Froh und erleichtert bin ich auch, wenn ich Gott um Vergebung gebeten habe und ich weiß, dass er mir vergeben hat. Und Gott, das müsst ihr wissen, kann alles vergeben, und er vergibt gerne, jedem Menschen. Das ist ganz, ganz toll! Wenn Gott vergibt, dann ist alles Böse, das wir getan haben, total vergessen. Wenn Gott vergibt, werden wir vor ihm wieder so neu und zart wie ein Neugeborenes, und das schafft nicht einmal die beste und teuerste Creme dieser Welt.«

Liedvorschlag: Die Güte des Herrn hat kein Ende

Ab unter den Teppich!

Biblischer Bezug: Wenn ihr eure Sünden bekennt, dann ist er treu und gerecht. Er vergibt uns die Sünden und reinigt uns von allem Unrecht. (1. Johannes 1,9)

Zielgedanke: Wir brauchen unser Versagen nicht zu verstecken. Jesus vergibt und bringt Ordnung in unser Leben.

Material: ein kleiner Teppich

Du ziehst aus einem großen Plastiksack einen nicht zu kleinen Teppich und verstreust dabei »unabsichtlich« Papierschnipsel, Zuckerpapierchen u.ä. Das ignorierst du aber und schwenkst den Teppich durch die Luft und zeigst ihn den Kindern.

»So ein Teppich ist eine tolle Sache. Ich hab zu Hause ein dickes Märchenbuch, und da steht eine Geschichte über einen Teppich drin, mit dem man fliegen kann. Das ist doch super!, hab ich mir gedacht, ich nehme meinen Teppich heute zu euch mit und flieg damit eine Runde.«

Du lässt die Kinder ein wenig auf die Seite rücken, legst den Teppich auf den Boden und setzt dich darauf. Dann klatschst du in die Hände und rufst:

»So, Teppich, jetzt flieg mal los!« Erwartungsvoll hältst du dich an den Teppichrändern fest, doch natürlich bewegt sich nichts. Du schaust dich um.

»Es klappt nicht! Warum denn bloß nicht?« –

»Ach, so ein Teppich ist nicht zum Fliegen da? Wie schade!

Das wäre doch wirklich praktisch, findet ihr nicht? Was mach ich denn jetzt mit meinem Teppich? –

Ich weiß, wozu manche Leute ihren Teppich noch verwenden!«

Du schiebst hastig Papierschnipsel unter den Teppich.

»Das machen manche Leute mit ihrem Teppich: Sie kehren ihren Müll darunter und meinen, damit ist er weg! Aber stimmt denn das? –

Ist der Müll wirklich weg?« (Evtl. lässt du die Kinder nachschauen.)

»Wie bekomm ich den Müll denn weg? Am besten pack ich ihn in die Plastiktüte. So, jetzt ist es sauber hier! –

Wisst ihr auch manchmal nicht, wo ihr euren Müll hintun sollt, z.B. wenn ihr euer Kinderzimmer aufräumt?

Ja, es gibt diesen Müll, aber auch noch anderen. Wenn ich z.B. etwas falsch mache, dann nennt man das auch oft ›Mist bauen‹, das ist auch so eine Art Müll. Ich hab schon oft Mist gebaut, schließlich bin ich ja auch schon ein ganzes Stück älter als ihr, da hab ich mehr Zeit gehabt. Und ihr? Habt ihr schon einmal etwas falsch gemacht oder Mist gebaut?

Wenn ich Mist gebaut habe, dann schäme ich mich oft deswegen und möchte es ganz schnell vergessen. Manchmal tu ich dann so, als wär gar nichts passiert. Das ist dann so, als wenn ich den Schmutz unter den Teppich kehre. Ich tu zwar so, als wäre er nicht da, aber – leider – ist er noch immer da.

Jesus weiß, dass wir so sind. Und er sagt: Mein lieber Freund, du brauchst den ganzen Mist nicht unter den Teppich kehren, da kommt er eines Tages nämlich wieder hervor. Wenn du ihn mir gibst, dann werf ich ihn für dich weg und du brauchst dich nicht mehr darüber zu ärgern oder dich dafür zu schämen.

Das heißt, wir dürfen ganz ehrlich mit Jesus sein und ihm alles sagen. Er vergibt uns. Wir können uns erleichtert fühlen und versuchen, es das nächste Mal besser zu machen.«

Liedvorschlag: Kommt alle zu mir

Teil

Gott liebt Kinder

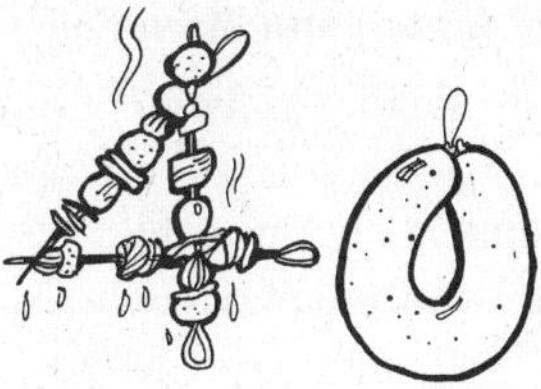

Herzlich willkommen!

Biblischer Bezug: Lasst die Kinder zu mir kommen, hindert sie nicht daran! Denn Menschen wie ihnen gehört das Himmelreich. (Matthäus 19,14)

Zielgedanke: Gottes Welt steht für Kinder offen.

Material: ein Schild mit der Aufschrift »Zutritt verboten«

»Wer von euch kann lesen, was auf dem Schild steht?

›Zutritt verboten‹ - Das bedeutet, dass niemand dort eintreten darf, wo das Schild angebracht ist.

Viele Menschen tragen solche Schilder mit sich herum. Unsichtbare Schilder. Und sie bauen unsichtbare Mauern, damit ihnen niemand zu nahe kommen kann. Sie haben Angst, dass jemand sie verletzt oder böse zu ihnen ist. Manche wollen auch einfach ihre Ruhe. Oder sie wollen nicht mit anderen Menschen teilen.

Sogar den Jüngern, also den Freunden von Jesus, ist es passiert, dass sie unsichtbare Mauern gebaut haben. Und zwar zwischen Jesus und den anderen Menschen. Das geschah eines Tages z.B. so:

Leute, die gehört hatten, wie mächtig und liebevoll Jesus war, wollten ihre Kinder zu ihm bringen. Sie wollten, dass er sie segnet. Vielleicht waren die Jünger einfach nur müde und wollten ihre Ruhe. Vielleicht meinten sie, dass die Kinder Jesus nerven und belästigen würden - wir wissen es nicht genau. Auf jeden

Fall aber versuchten sie die Männer und Frauen samt ihren Kindern wegzuschicken. Doch Jesus bemerkt das. Was glaubt ihr, was Jesus gemacht hat? –

Er hat seinen Jüngern etwas zugerufen. Das hat ungefähr so geklungen: ›Lasst doch die Kinder zu mir kommen und macht es ihnen nicht so schwer, denn gerade für Kinder steht Gottes neue Welt offen.‹ Und dann hat Jesus die Kinder in die Arme genommen, mit ihnen geschmust und sie gesegnet. Glaubt ihr nicht auch, dass die Jünger da ziemlich verdutzt geschaut haben müssen?

Ich finde es toll, dass diese Geschichte in der Bibel steht. Für euch Kinder, damit ihr Mut bekommt, und für uns Erwachsene, damit wir mal nachdenken.

Jesus hält immer die Arme für uns offen, damit wir uns jederzeit in seine Liebe hineinkuscheln können. Er ist immer für seine Kinder da, auch wenn vielleicht manche Leute den Weg zu ihm schwer machen wollen. Gott liebt euch Kinder ganz besonders! Er segne euch!«

Liedvorschlag: Ein kleiner Spatz zur Erde fällt

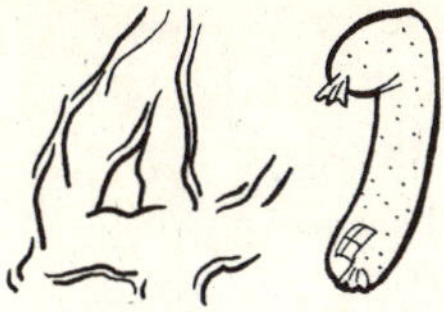

Wie ein Kind

Biblischer Bezug: Da rief Jesus ein Kind herbei, stellte es in ihre Mitte und sagte: Amen, das sage ich euch. Wenn ihr nicht umkehrt und wie die Kinder werdet, könnt ihr nicht in das Himmelreich kommen. (Matthäus 18,2-3)

Zielgedanke: Der kindliche Glaube ist ein Vorbild für Erwachsene.

Material: -

»Heute habe ich eine seltsame Frage an euch: Was seid ihr denn überhaupt? - Ganz recht, ihr seid Kinder und das ist super! Wisst ihr, warum das super ist? Weil wir Erwachsenen von euch lernen sollen! Das habt ihr wahrscheinlich noch nicht oft gehört. Meistens sagt man ja andersherum, dass die Kinder von den Erwachsenen lernen sollen. Trotzdem stimmt das, dass wir Erwachsenen von euch lernen sollen. Woher ich das weiß? Jesus selbst sagt es: Wer das Reich Gottes nicht so annimmt, wie ein Kind, der wird nicht hineinkommen.

Jesus meint damit sicher nicht, dass wir wieder auf Bäume klettern sollen oder am Daumen lutschen oder Dreirad fahren. Ja, was meint er denn wohl damit, dass wir Erwachsenen so wie die Kinder werden sollen? -

Schaut einmal ein Baby an, es kann ohne Mama und Papa oder einen anderen Erwachsenen nicht leben. Es ist auf ihre Hilfe angewiesen. Auch größere Kinder brauchen jemanden, der für sie sorgt, ihnen zu essen gibt, sie lieb hat.

Wir Erwachsenen können und müssen schon allein zurechtkommen. Doch – und das können wir von euch lernen – richtig froh leben können auch wir nur durch die Liebe Gottes. Wir brauchen seine Nähe, so, wie ein Kind die Nähe eines liebevollen Erwachsenen braucht, um gesund heranwachsen zu können.

Es gibt vieles, das wir von euch Kindern lernen können, z.B. wie man sich von ganzem Herzen freut und was Vertrauen bedeutet. Ihr Kinder könnt das wirklich gut! Jesus hat das gewusst, und ich bin froh und dankbar, dass er uns darauf aufmerksam gemacht hat. Es ist schön, dass wir alle von einander lernen dürfen: wir Großen von euch Kleinen, ihr Kleinen von uns Großen und wir alle von Jesus.«

Liedvorschlag: Er hält die ganze Welt in seiner Hand

Der Wunsch

Biblischer Bezug: Denn ich, ich kenne meine Pläne, die ich für euch habe – Spruch des Herrn –: Pläne des Heils und nicht des Unheils; denn ich will euch eine Zukunft und eine Hoffnung geben. Wenn ihr mich ruft, wenn ihr kommt und zu mir betet, so erhöre ich euch. Sucht ihr mich, so findet ihr mich. Wenn ihr von ganzem Herzen nach mir fragt, lass ich mich von euch finden. (Jeremia 29,11-14)

Zielgedanke: Gott möchte das Beste für uns; das ist nicht unbedingt identisch mit dem, was wir für das Beste halten.

Material: irgendein Lieblingsgegenstand, zum Beispiel: ein altes Buch

»Heute habe ich euch ein besonderes Buch mitgebracht. Es stand in einem Antiquariat, das ist eine Buchhandlung für alte Bücher, und ich war ganz begeistert davon. Ich habe das alte Papier und die alte Schrift gesehen und mir vorgestellt, wer und wie viele Menschen vor mir es vielleicht schon in der Hand gehalten haben. Ich habe überlegt, was das Buch alles erzählen könnte . . . Und dann wollte ich das Buch unbedingt haben. Doch solche alten Bücher sind wertvoll, und meistens muss man sehr viel dafür bezahlen. Ich stand also im Buchladen, hielt dieses wunderbares Buch in meinen Händen – und konnte es mir nicht kaufen, weil es viel zu teuer war!

Habt ihr euch auch schon einmal etwas gewünscht und es dann nicht bekommen? Vielleicht, weil es einfach zu teuer war?

Dann könnt ihr verstehen, dass ich traurig war, weil ich es nicht kaufen konnte. Doch ich konnte nichts daran ändern, stellte das Buch zurück und dachte nur ab und zu daran ...

Doch ein paar Monate später hatte ich Geburtstag. Und auf meinem Geburtstagstisch ... Jetzt könnt ihr euch sicher schon denken, wie's weiter ging. Ich bekam also tatsächlich dieses Buch geschenkt und war überglücklich! Ganz viele Freunde, die von meinem Wunsch wussten, hatten sich zusammengetan, um dieses Buch zu kaufen.

Wahrscheinlich hat sich jeder von uns schon einmal etwas von ganzem Herzen gewünscht. Was tut ihr, wenn ihr euch etwas ganz besonders wünscht? –

Ihr bettelt eure Eltern an oder wen auch immer. Auf jeden Fall jemanden, dem ihr zutraut, dass er euren Wunsch auch erfüllen kann.

Wir wissen ja, Gott kann unsere Wünsche erfüllen und darum betteln wir Menschen auch immer wieder Gott an, damit er unsere Wünsche erfüllt. Und zwar möglichst schnell! Aber mancher Wunsch wird später oder auch nie erfüllt. Es gibt Kinder, aber auch Erwachsene, die sind dann ganz schrecklich enttäuscht und traurig. Sie meinen, den Eltern oder Gott wären ihre Wünsche gleichgültig. Oder sie meinen, Gott wäre nicht mächtig genug. Aber das stimmt ganz bestimmt nicht. Er hört unsere Bitten, unseren Dank, er kennt unsere Wünsche. Er nimmt sie ernst. Aber er weiß auch, was uns wirklich gut tut, was wir wirklich brauchen. Darum erfüllt er nicht alle unsere Wünsche – und erst im Nachhinein merkt man manchmal, dass das ein riesengroßes Glück war.

Wenn wir mit Gott durchs Leben gehen, dann brauchen wir um unser Glück nicht mehr zu betteln. Er weiß darum und schenkt uns gerne, was wir brauchen.«

Liedvorschlag: Trachtet zuerst nach Gottes Reich

Sandkastenspiele

Biblischer Bezug: Dein Reich komme, dein Wille geschehe, wie im Himmel, so auf der Erde. (Matthäus 6,10)

Zielgedanke: Gottes Wille geschehe – er kennt unsere tatsächlichen Bedürfnisse.

Material: ein Teller, etwas Sand und ein bisschen Wasser in einem Kännchen

Du spielst mit den mitgebrachten Dingen, während du das Gespräch mit den Kindern beginnst. Du fragst sie, wer von ihnen schon am Meer war oder wer von ihnen gerne im Sandkasten spielt. Du erzählst, wie viel Spaß es macht, aus feuchtem Sand tolle Burgen zu bauen, Sandkuchen, Rennautos . . .

»Was man auch baut, es macht Spaß, sieht toll aus – und ist spätestens nach ein paar Stunden nicht mehr vorhanden . . . Am Strand wird es vom Meer weggespült, im Sandkasten wird der Sand so trocken, dass alles zusammenfällt, oder der Regen macht es kaputt. Manchmal ist das wirklich schade. Da denkt man sich eine tolle Sache aus, die man bauen will, sie gelingt sogar, wie geplant – und dann ist alles vorbei. Die Sandburg, das Rennauto, der Sandkuchen – alles einfach weggespült oder zerbröselt . . .

Manchmal geht es mir bei anderen Dingen ganz ähnlich: Ich habe tolle Ideen und weiß genau, was ich will. Das kennt ihr doch sicher auch: Ihr plant etwas, z.B. mit Freunden zusammen zu sein, schwimmen zu gehen oder Schlittschuh zu laufen, oder ihr wünscht euch, dass Papa und Mama eine Geschichte vorlesen . . .« (Die Kinder ergänzen.)

». . . und dann? Werden eure Pläne und Wünsche eigentlich immer erfüllt? – Meine nicht! Das macht mich manchmal ganz schön sauer, euch auch? Manchmal ist etwas zu schwierig oder gefährlich, manchmal hat einfach niemand Zeit. Dann bin ich nicht einmal sauer, sondern ganz einfach traurig. Und doch ist es auch schon vorgekommen, dass ich später gedacht habe: Gott sei Dank ist aus meinem Plan nichts geworden. Oder: Gott sei Dank hab ich auf den oder den gehört! Das, was dann passiert ist, war viel schöner als mein eigener Plan.

Wir Menschen sind sehr gut im Pläne machen. Aber es gibt jemanden, der ist noch viel besser als wir. Denn dieser jemand hat nicht nur gute Ideen, nein, er weiß auch, was für dich und dich und dich und mich und uns alle am besten ist. Er weiß, womit wir wirklich Freude haben können, was ›echt cool‹ für uns ist. Gott hat die besten Pläne für dein Leben und mein Leben. Gott sorgt auch dafür, dass aus unserem Leben etwas Schönes wird. Wir können ihn bitten, dass er für uns sorgt, und ihm vertrauen. Gott meint es gut mit uns und nur er kann aus allem etwas Gutes machen. Darum ist es auch nicht schlimm, wenn unsere Wünsche nicht immer in Erfüllung gehen.

Jesus hat oft gebetet, alleine, aber auch mit seinen Jüngern. Und er hat sie ein Gebet gelehrt. Darin gibt es einen ganz besonderen Satz. Er heißt: Unser Vater im Himmel . . . Dein Reich komme, dein Wille geschehe, wie im Himmel, so auf der Erde.

Etwas Besseres, als dass Gottes Wille in unserem Leben geschieht, kann uns gar nicht passieren.«

Liedvorschlag: Vater unser, der du bist im Himmel

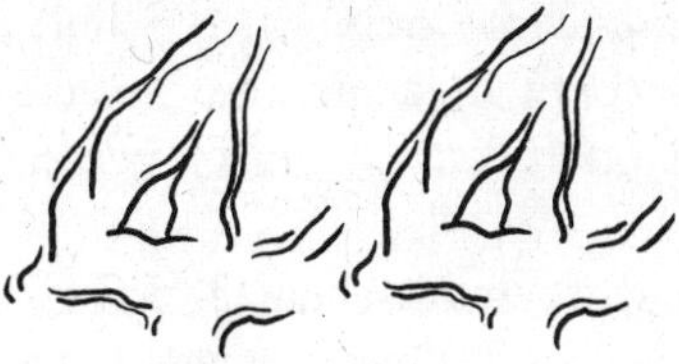

Du bist du

Biblischer Bezug: Ich danke dir, dass du mich so wunderbar gestaltet hast. Ich weiß: Staunenswert sind deine Werke. (Psalm 139,14)

Zielgedanke: Gott hat jeden mit bestimmten Eigenschaften geschaffen und macht ihm Mut, er selbst zu sein.

Material: zwei Paar Schuhe, die dir viel zu groß sind

Du stapfst mit den viel zu großen Schuhen in den Raum, begrüßt die Kinder und unterhältst dich ein bisschen mit ihnen. Ihr sprecht über alltägliche Dinge und dann sagst du:

»Mir geht es heute ausgezeichnet! Hab ich nicht tolle Schuhe an? Gefallen sie euch? Findet ihr auch, dass sie mir gut passen? –

Nein? Ihr findet, sie sind mir viel zu groß? –

Na gut, so ganz genau passen sie mir nicht. Diese Schuhe sind auch gar nicht meine eigenen. Ich hab sie mir von meinem Nachbarn ausgeliehen. Aber wenn ihr sagt, dass sie mir nicht passen, geb ich sie halt zurück.«

Du schlüpfst aus den Schuhen und stellst sie zur Seite. Dann gehst du auf Socken zu einem Kind und bittest es um seine Schuhe. Wenn ein Kind dir sein Paar überlässt, versuchst du, sie anzuziehen. Wahrscheinlich werden dir die Kinder lautstark erklären, dass sie dir nicht passen.

»Ach, sie passen nicht. Ich komme ja gerade mit meiner großen Zehe hinein! Was soll ich denn nur machen? Ich brauche doch Schuhe! Welche Schuhe könnten mir denn passen? –

Ja, wenn ihr meint, ich soll einfach meine eigenen Schuhe nehmen ... Ich hab sie ja dabei, aber ich dachte, dass mir die Schuhe von meinem Nachbarn oder von ... besser passen würden.«

Du schlüpfst in deine Schuhe, gehst ein bisschen auf und ab, drehst und wendest dich darin, machst vielleicht einige Tanzschritte und atmest erleichtert auf.

»Tatsächlich, meine Schuhe passen wirklich am besten. Und eigentlich fühle ich mich auch am wohlsten in ihnen.

Ist euch eigentlich schon mal aufgefallen, dass es viele Menschen gibt, die mit ihren Schuhen unzufrieden sind? Das heißt, im Grunde genommen nicht mit ihren Schuhen, sondern mit ihrem Leben. Sie möchten nicht sie selbst sein, sondern jemand anderes. Vielleicht ein Schauspieler, eine Sängerin oder ein Rennfahrer.

Wer würdet ihr denn gerne sein? –

Ich denke auch manchmal: Ach wäre ich nur der oder die ...! Das ist dumm. Denn im Grunde genommen ist das so, als würde ich fremde Schuhe anziehen, die mir gar nicht passen. Viel besser ist es, seine eigenen Schuhe zu tragen, die genau passen. Sie tun nicht weh, man bekommt keine Blasen und man fällt auch nicht so leicht hin.

So ist es auch im Leben. Ihr seid noch sehr jung und habt noch viel Zeit um herauszufinden, wer ihr seid und was ihr mit eurem Leben machen könnt. Wichtig für jeden ist zu wissen: Du darfst du bleiben.

Du wirst deine Stärken (was du gut kannst) und deine Schwächen (was du nicht so gut kannst) entdecken. Du wirst herausfinden, wie wunderbar es ist, Jesus als Freund zu haben, wenn du groß wirst. Gott mag dich so wie du bist, er schenkt dir seine Liebe und Freundschaft. Wäre es nicht so, hätte er dich nicht erschaffen.

Also denkt dran: Eure Schuhe passen euch am besten!«

Liedvorschlag: Danke, Herr Jesus, hab Dank

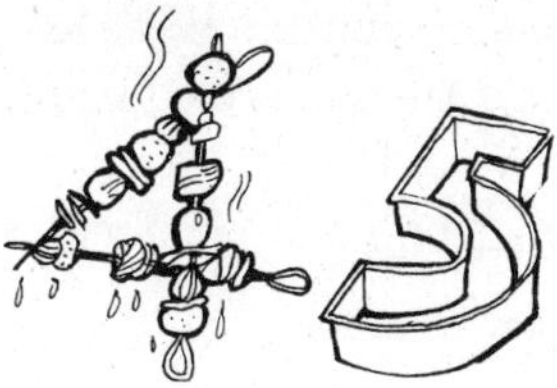

Das Original

Biblischer Bezug: Fürchte dich nicht, denn ich habe dich erlöst, ich habe dich bei deinem Namen gerufen, du bist mein. (Jesaja 43,1)

Zielgedanke: Gott liebt den Menschen als Original und fordert ihn auch als solchen zur Nachfolge heraus.

Material: ein Brief, einmal als Original-Schriftstück, einmal als schlechte und einmal als gute Kopie

Du bittest drei Kinder zu dir zu kommen.

»Hier sind drei Briefe. Könnt ihr mir sagen, ob es zwischen ihnen einen Unterschied gibt oder ob sie ganz gleich aussehen? –

Ihr habt es gleich erkannt. Mit diesen Briefen ist es so: Dieser hier ist das Original.«

(Du gibst das Blatt einem Kind, das es hochhebt.)

»Das hier ist eine Kopie, eine schlechte Kopie, das sieht man gleich.«

(Du gibst das Blatt einem anderen Kind, das es auch hochhebt.)

»Und als drittes habe ich eine gute Kopie. Man merkt kaum einen Unterschied zum Original.«

(Du stellst das nächste Kind so, dass das Original in der Mitte zu sehen ist.)

»Jetzt könnt ihr es alle sehen: Das Original ist in der Mitte, die beiden Kopien sind links und rechts. Jetzt habe ich eine Frage an euch: Bleibt das Original ein Original, auch wenn diese eine Kopie hier so schön gelungen ist, dass man den Unterschied kaum merkt? –

Richtig, ein Original bleibt ein Original, und wenn es noch so viele gute Kopien davon gibt.

Wir sind heute hier . . . Menschen im Raum. Doch jeder von uns ist ein Original. Was heißt denn das? –

Es heißt, dass ich ich bin und nicht du,
das heißt, dass du du bist und nicht ich,
das heißt, dass du . . . (Name) nicht . . . (Name) bist
und ich . . . (Name) nicht . . . (Name)!

Das ist eine tolle Sache, denn das bedeutet, dass ich nur ich zu sein brauche, niemanden nachmachen muss wie ein Affe und niemandem nachplappern wie ein Papagei. Ich darf der Mensch sein, den Gott geschaffen hat, und herausfinden, was Gott in meinem Leben tun will. Wenn ich Jesus nachfolge, werde ich den Platz finden, den nur ich einnehmen kann und soll. Nur ich und kein anderer. Für alle anderen Menschen gilt das genauso. Denn Gott hat dich und mich als Originale geschaffen, nicht als Kopie von irgendjemandem. Ich darf ich sein und du du! Darüber können wir uns von Herzen freuen und dankbar sein.«

Liedvorschlag: Du, Herr, gabst uns dein festes Wort

Teil

Unser Freund Jesus

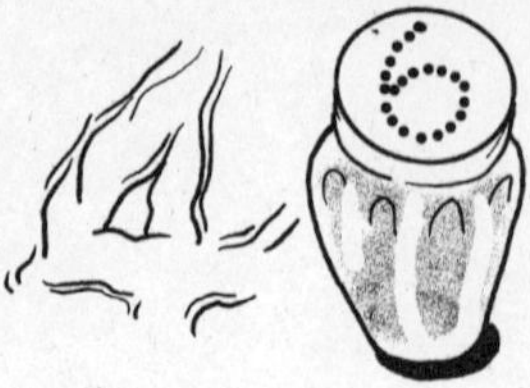

Ein Freund bleibt ein Freund

Biblischer Bezug: Ich nenne euch nicht mehr Knechte, denn der Knecht weiß nicht, was sein Herr tut. Vielmehr habe ich euch Freunde genannt; denn ich habe euch alles mitgeteilt, was ich von meinem Vater gehört habe. Nicht ihr habt mich erwählt, sondern ich habe euch erwählt und dazu bestimmt, dass ihr euch aufmacht und Frucht bringt und dass eure Frucht bleibt. Dann wird euch der Vater alles geben, um was ihr ihn in meinem Namen bittet. Dies trage ich euch auf: Liebt einander! (Johannes 15,12-17)

Zielgedanke: Jesus ist unser Freund.

Material: ein Nintendo oder ein anderes Spiel, das man nur allein spielen kann

Du hältst ein Nintendo in der Hand, mit dem du angestrengt spielst. Du schenkst ihm deine volle Aufmerksamkeit, nur ab und zu schaust du auf. Beiläufig begrüßt du die Kinder, ohne sie anzusehen. Alles, was du siehst, ist das Nintendo.

Schließlich unterbrichst du das Spiel:

»Wer von euch kennt dieses Spielzeug? Hat von euch jemand auch so ein Nintendo? –

Ist es euch schon aufgefallen, dass man beim Nintendospielen gar keinen Freund braucht? Man kann stundenlang alleine spielen, stimmt's?

Was glaubst du passiert, wenn du jeden Tag viele Stunden

Nintendo spielst? (Außer natürlich, dass du Augen- oder Kopfweh bekommst.) Du wirst bald alleine sein, denn deinen Freunden wird es neben dir langweilig. Sie wollen mit dir spielen und nicht nur still neben dir sitzen.

Aber ohne Freunde ist das Leben nicht so schön und auch nicht sehr lustig. Jeder Mensch braucht Freunde. Du und ich auch! Freunde sind wichtiger und schöner als das tollste Nintendo. Mit ihnen zu spielen ist viel spannender, denn man kann sich mit ihnen die coolsten Sachen ausdenken – richtige Abenteuer! Und – man kann mit ihnen nicht nur spielen. Mit einem guten Freund kann man über alles reden. Man kann miteinander lachen, aber auch weinen, man kann einander helfen und trösten. Es ist schön, Freunde zu haben. Es ist schön, selbst ein guter Freund zu sein.

Jesus weiß das und er hat sich entschieden, unser Freund zu sein. Lerne ihn kennen. Lade ihn in dein Leben und Herz ein. Du wirst schnell entdecken, dass er der beste Freund ist, den man finden kann. Er ist immer und zu jeder Zeit für dich da.

Aber Jesus möchte auch, dass wir andere Kinder oder Erwachsene als Freunde haben. Das ist ganz wichtig.

Kennt ihr das auch, wenn man so wunderbar miteinander spielt und dann soll man damit aufhören, weil man nach Hause muss oder ins Bett? Dann fällt es schwer, sich von seinem Freund zu trennen. Oder wenn man in den Urlaub fährt: Da kann man sich bei der Abreise manchmal gar nicht vorstellen, was man an einem fremden Ort ohne die guten Freunde von zu Hause machen soll.

Bleibt ein Freund eigentlich ein Freund, auch wenn du ihn nicht mehr siehst? –

Natürlich: Ein Freund bleibt ein Freund, auch wenn man einander nicht sieht und nicht anfassen kann.

Jesus ist auch unser Freund, obwohl wir ihn mit unseren Augen noch nicht sehen können.

Ja, er ist unser Freund, auch wenn sich's manchmal nicht so anfühlt. Es stimmt: Manchmal spüren wir Gottes Nähe nicht, manchmal fühlen wir uns ganz allein und einsam oder zornig und traurig. Aber auch an solchen Tagen dürfen wir wissen, dass Jesus ganz nah bei uns ist! Er hat uns trotzdem lieb und passt gut auf uns auf. Auf ihn können wir uns verlassen, denn er ist der beste Freund, den man sich wünschen kann.«

Liedvorschlag: Wenn einer sagt: Ich mag dich, du

Der Schlüssel

Biblischer Bezug: Ich bin der Weg und die Wahrheit und das Leben; niemand kommt zum Vater außer durch mich. (Johannes 14,6)

Zielgedanke: Jesus ist der »Schlüssel« – zum ewigen Leben und zu einem sinnerfüllten Leben heute.

Material: ein Schlüsselbund mit verschiedenen Schlüsseln

»Wer von euch möchte mal zählen, wie viele Schlüssel an diesem Schlüsselbund hängen? –

Genau, es sind sechs Schlüssel! Aber wozu braucht man denn so viele Schlüssel? –

Genau. Weil jedes Schloss seinen eigenen Schlüssel hat. Das hier ist mein Haustürschlüssel, Wohnungsschlüssel, Postkastenschlüssel, Kellerschlüssel, Autoschlüssel . . . Wisst ihr, was passiert, wenn ich mit dem Postkastenschlüssel meine Wohnung aufschließen will? Richtig: Es klappt nicht. Für die Wohnungstüre brauche ich den Wohnungsschlüssel, sonst bleibt die Türe zu. Türschloss und Schlüssel müssen genau zusammenpassen.

Auch die Menschen, die mit Gott Freundschaft schließen wollen, brauchen einen Schlüssel, um zu ihm kommen zu können. Das klingt vielleicht komisch. Doch natürlich meine ich keine Schlüssel wie diese hier. Gott sitzt auch nicht irgendwo hinter einer Türe und wartet darauf, dass wir sie aufschließen. Aber durch die Sünde, die in das Leben der Menschen gekommen ist,

ist die Verbindung zu Gott nicht mehr so einfach. Wir brauchen Hilfe, um mit Gott sprechen zu können. Wir brauchen einen ›Schlüssel‹ zu Gott.

Die meisten von euch wissen schon, dass wir mit Gott wie mit einem lieben Vater sprechen dürfen. Ja, wir dürfen ihn sogar unseren ›lieben Vater‹ nennen. Das ist schon etwas ganz, ganz Besonderes und eine große Ehre!

Wisst ihr, wem wir es zu verdanken haben, dass wir zu Gott Vater sagen dürfen? –

Ja, Jesus. Jesus ist wie ein Schlüssel, durch den wir in Gottes Nähe kommen können. Und wenn wir Gott nahe sind, dann geht es uns tief in unserem Herzen wirklich gut.«

Liedvorschlag: Weil Gott die Welt so unendlich liebt

Teil

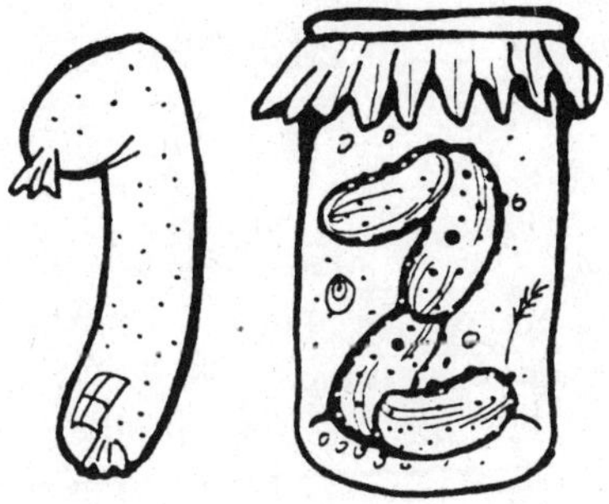

Vertrauen

Keine Panik!

Biblischer Bezug: Gleich darauf forderte er die Jünger auf, ins Boot zu steigen und an das andere Ufer vorauszufahren. Inzwischen wollte er die Leute nach Hause schicken. Nachdem er sie weggeschickt hatte, stieg er auf einen Berg, um in der Einsamkeit zu beten. Spät am Abend war er immer noch allein auf dem Berg. Das Boot war schon viele Stadien vom Land entfernt und wurde von den Wellen hin und her geworfen; denn sie hatten Gegenwind. In der vierten Nachtwache kam Jesus zu ihnen; er ging auf dem See. Als ihn die Jünger über den See kommen sahen, erschraken sie, weil sie meinten, es sei ein Gespenst, und sie schrien vor Angst. Doch Jesus begann mit ihnen zu reden und sagte: Habt Vertrauen, ich bin es; fürchtet euch nicht! Darauf erwiderte ihm Petrus: Herr, wenn du es bist, so befiehl, dass ich auf dem Wasser zu dir komme. Jesus sagte: Komm! Da stieg Petrus aus dem Boot und ging über das Wasser auf Jesus zu. Als er aber sah, wie heftig der Wind war, bekam er Angst und begann unterzugehen. Er schrie: Herr, rette mich! Jesus streckte sofort die Hand aus, ergriff ihn und sagte zu ihm: Du Kleingläubiger, warum hast du gezweifelt? Und als sie ins Boot gestiegen waren, legte sich der Wind. Die Jünger im Boot aber fielen vor Jesus nieder und sagten: Wahrhaftig, du bist Gottes Sohn! (Matthäus 14,22-33)

Zielgedanke: Gott gibt Halt, wenn wir ihm vertrauen.

Material: ein Spielzeugschiff

»Was ich euch heute mitgebracht habe, das kennt ihr alle. Vielleicht habt ihr Spielzeugschiffe im Kinderzimmer oder in der Badewanne. Aber wer von euch hat schon mal ein richtig großes Schiff gesehen oder ist mit einem gereist?

Was für Schiffe gibt es denn?

Vor vielen Jahren gab es ein ganz riesengroßes Schiff, das auf der ganzen Welt berühmt war. Es hieß Titanic. Die Menschen damals meinten, dass es nie untergehen würde. Seine erste Reise sollte von England nach Amerika gehen. So eine Reise dauerte damals Wochen. Eines Nachts schrammte das Schiff einen Eisberg, der im Meer schwamm, und das, was niemand geglaubt hatte, passierte: Die Schiffswand wurde aufgerissen, Wasser drang in das Schiff und es wurde ganz schnell klar, dass es bald untergehen würde. Viele Menschen ertranken, einige wurden gerettet, doch die Titanic versank. Das Schiff, dem so viele Menschen vertraut hatten, ging unter.

Die Bibel erzählt auch Geschichten von Schiffen. Einmal schickte Jesus seine Freunde mit einem Schiff los. Er selbst wollte ein bisschen Ruhe haben, um mit Gott reden zu können. Deshalb blieb er an Land. Das Boot war schon weit draußen auf dem See, als plötzlich ein Sturm aufkam. Das Schiff war nicht so riesig wie die Titanic, sondern nur ein kleines Fischerboot. Es wurde wie wild vom Sturm herumgeschleudert – so wild, dass sogar die tüchtigen Fischer Angst bekamen. Ans rettende Ufer konnten sie nicht zurück, weil der Wind so stark blies.

Aber Jesus spürte die Angst seiner Freunde, obwohl er so weit weg von ihnen war. Und stellt euch vor, er ging einfach auf dem Wasser seinen Freunden entgegen.

Ist das normal, dass Menschen auf dem Wasser gehen können? Nein, überhaupt nicht, und deshalb schrien auch die Jünger vor Schreck laut auf, als sie ihn sahen. Sie glaubten, er wäre ein Geist. Aber Jesus sagte: ›Habt keine Angst, ich bin es. Fürchtet euch nicht!‹ – was so viel bedeutet wie: Ich habe die ganze Sache unter Kontrolle.

Als Petrus das hörte, sagte er voll Begeisterung: ›Wenn du es wirklich bist, dann befiehl, dass ich auf dem Wasser zu dir komme!‹ – Der hatte Mut!

Was glaubt ihr, was Jesus geantwortet hat? –

Jesus sagte nur ein Wort, nämlich: ›Komm!‹

Und was tut Petrus? Er steigt aus dem Boot und geht über das Wasser auf Jesus zu. Die anderen im Boot machen vielleicht Augen!

Aber wie er so über das Wasser geht, hört und spürt er den Sturm um seine Ohren blasen, so stark, dass er plötzlich doch Angst bekommt. Und im gleichen Moment beginnt er unterzugehen. Die Angst hat ihn ganz ergriffen, und er schreit los: ›Herr Jesus, rette mich!‹

Und was tut Jesus? Er streckt seine Hand nach Petrus aus, hält sie fest und zieht seinen Freund hoch. Dann steigt er mit ihm zu den anderen Jüngern ins Boot und der Wind hört auf zu toben. Die Männer im Boot können nur ehrfürchtig staunen und stammeln: ›Wirklich wahr, du bist Gottes Sohn!‹

Für uns gilt das Gleiche wie für Petrus: Wenn wir Angst haben, dann können wir darauf vertrauen, dass Jesus uns nicht alleine lässt. Er ist da und hilft uns. Es gibt keine Not, in der Jesus uns nicht helfen kann und will.«

Liedvorschlag: Rufe mich an in der Not

Der Schirm

Biblischer Bezug. Wer unter dem Schirm des Höchsten wohnt und ruht im Schatten des Allmächtigen, der sagt zum Herrn: Du bist für mich Zuflucht und Burg, mein Gott, dem ich vertraue. (Psalm 91,1-2)

Zielgedanke: Gottes Liebe und Zuwendung sind wie ein Schirm, unter dem wir Schutz finden.

Material: ein großer Regen- oder Sonnenschirm

Du kommst mit deinem großen, aufgespannten Schirm zu den Kindern. Du begrüßt sie und setzt dich zu ihnen, lässt aber den Schirm aufgespannt über dir.

»Na, was sagt ihr zu diesem tollen Schirm – gefällt er euch? Habt ihr selbst auch einen Schirm? –

Diesen Schirm hier finde ich besonders praktisch: Er ist so groß, dass ich bei Regen überhaupt nicht nass werde. Und wenn die Sonne richtig heiß vom Himmel brennt, schützt mich der Schirm vor einem Sonnenbrand. Wer von euch schon einen Sonnenbrand gehabt hat, weiß ja, wie weh der tut. Wenn es schneit, bewahrt er mich davor, als Schneemann durch die Straßen zu laufen – kurz und gut, ein großer Schirm ist das ganze Jahr prima.

Doch dieser Schirm hier hat noch eine tolle Eigenschaft: Weil er so groß ist, haben darunter sogar mehrere Leute Platz. Rückt einmal her zu mir, probieren wir einmal aus, wie viele Leute unter diesen Schirm passen. –

Noch drei Kinder! So viel Platz ist unter diesem Schirm! Nur eins ist dumm: Manchmal vergesse ich meinen Schirm. Dann habe ich ihn nicht bei mir, wenn ich ihn brauche.

In der Bibel steht, dass alle Menschen, die Gott vertrauen, unter Gottes Schirm Platz haben. Gottes Schirm ist nicht so ein Schirm wie der, den ich hier habe. Gottes Schirm ist unsichtbar und dazu auch noch viel größer und viel besser als dieser hier. Unter Gottes Schirm sein, das bedeutet, dass Gott uns beschützt und auf uns Acht gibt. Er kann sogar aus bösen Dingen etwas Gutes machen. Gott kann alles, was er will. Wenn du zu ihm gehörst, wird er dich nie allein lassen. Du kannst mit ihm reden, wenn du traurig bist oder Angst hast. Er hört dir zu. Er will und kann dir helfen. In Gottes Nähe kannst du ausruhen, so wie du es unter einem Sonnenschirm machst, wenn die Sonne heiß scheint und du vom Spielen müde geworden bist. Gut, dass wir so einen Schirm über uns haben!«

Liedvorschlag: Hört, wen Jesus glücklich preist

Raus aus dem Käfig

Biblischer Bezug: Wenn euch also der Sohn befreit, dann seid ihr wirklich frei. (Johannes 8,36)

Zielgedanke: Jesus befreit uns von Schuld und Angst.

Material: ein Vogelkäfig (wenn möglich)

»Wer von euch hat zu Hause einen Vogel? Was für einen? Wo lebt er? –

Ich kenne jemanden, der lässt seinen Wellensittich in der Wohnung frei herumfliegen. Wenn der Vogel genug davon hat, fliegt er von selbst in seinen Käfig zurück. Doch die Besitzer müssen ganz gut darauf Acht geben, dass die Fenster und Türen geschlossen sind, denn sonst würde der Vogel davonfliegen und verloren gehen. Wellensittiche können sich in einer fremden Umgebung nicht zurechtfinden. Sie finden nicht mehr nach Hause.

Dieser Vogel kann also fast frei leben. Fast frei ist aber nicht ganz frei.

Wie ist denn das bei uns Menschen? Jesus sagt, dass er uns ganz frei machen möchte. Ja, wovon denn? Sind wir vielleicht eingesperrt? –

Es gibt tatsächlich Dinge, die uns gefangen halten. Da ist einmal das, was manche Leute die Sünde nennen, also alles, was uns von Gott trennt. Sünde bewirkt oft, dass wir böse, lieblos oder neidisch sind, dass wir andere hassen und ihnen weh tun. Dann laden wir Schuld auf uns und diese Schuld kann uns gefangen halten. Wieso? Weil sie unser Leben bestimmt, solange sie nicht vergeben ist.«

(Am Beispiel verdeutlichen.)

»Doch, Gott sei Dank, hat Gott uns seinen Sohn Jesus geschickt. Der verspricht uns, dass er uns alle Fehler, alle Schuld verzeihen will. Wir brauchen ihn nur darum zu bitten. Wir können mit Gott wie zu guten, liebevollen Eltern reden oder wie mit dem allerbesten Freund, den wir uns vorstellen können. Aber Jesus verspricht uns noch etwas: Er verspricht uns, dass er uns frei macht, total frei! Nicht so wie einen Wellensittich, der mal aus dem Käfig raus darf, aber die Freiheit nicht wirklich kennen lernen kann.

Jesus macht uns ganz frei. Er vergibt uns jede Schuld und jeden Fehler. Weil Jesus uns ganz frei macht, können wir mutig sein. Weil Jesus uns frei macht, brauchen wir keine Angst zu haben. Weil Jesus uns lieb hat, können auch wir unseren Mitmenschen verzeihen und sie lieb haben. Wir dürfen ihn immer um Hilfe bitten. Er ist gerne bei uns und lässt uns nie im Stich. Mit Jesus können wir in Freiheit leben und gehen trotzdem nie verloren.«

Liedvorschlag: Ja, freuet euch im Herrn

Bitte mit Wurzeln!

Biblischer Bezug: Bleibt in ihm verwurzelt und auf ihn gegründet, und haltet an dem Glauben fest, in dem ihr unterrichtet wurdet. Hört nicht auf zu danken! (Kolosser 2,7)

Zielgedanke: Im Vertrauen auf Gott finden wir Wurzelgrund für unser Leben und Grund zur Dankbarkeit.

Material: eine Schnittblume und eine blühende Topfpflanze

Du zeigst den Kindern die Schnittblume und die Topfpflanze und fragst sie, was die beiden Pflanzen unterscheidet.

»Die Schnittblume hat keine Wurzeln. Man muss sie ins Wasser stellen, und trotzdem kann man nicht verhindern, dass sie nach ein paar Tagen verwelkt.

Die Topfpflanze hat viele Triebe und Blüten. Sie hat Wurzeln, die in der Erde stecken. Durch die Wurzeln bekommt sie genug Feuchtigkeit, wenn sie gegossen wird. Außerdem geben Blumenfreunde ihren Pflanzen auch immer wieder Dünger, damit sie genug Nahrung haben und stark bleiben. Sie sorgen dafür, dass ihre Pflanze alles bekommt, um sich wohl zu fühlen und schön zu wachsen.

Manche Menschen erinnern mich leider an Schnittblumen. Sie sehen zwar wunderschön aus, aber nur für kurze Zeit. Sie welken schnell. Damit meine ich nicht, dass die Leute alt und runzelig werden. Nein, ich meine damit, dass manche Menschen müde, traurig und hoffnungslos werden. So wie abgeschnittene Blumen.

Gott wünscht uns Menschen aber, dass wir frisch, froh und voll Hoffnung sein können. Egal, ob wir jung, gesund, alt oder schwach sind. Aber kann man denn überhaupt froh und voll Hoffnung sein, wenn man krank ist? Oder wenn es einem schlecht geht? Oder wenn man alt und einsam ist? Ja, man kann! Aber dazu braucht man Wurzeln, die fest in der Erde stecken und durch die man jeden Tag genügend Saft und Nahrung bekommt.

Habt ihr Wurzeln? Oder seht ihr jemanden, der Wurzeln hat? Na, wenn ich meine Füße anschaue – sie sind zwar relativ groß, aber Wurzeln sind sie nicht. Von welchen Wurzeln spreche ich denn dann? Und von welcher Erde? –

In einem Brief in der Bibel, im Kolosserbrief, steht: ›Bleibt in Christus verwurzelt . . . haltet am Glauben fest . . . und hört nicht auf zu danken.‹

So ist das gemeint: Wenn wir an Jesus Christus glauben und ihm vertrauen, macht uns das so stark wie die Wurzeln einer gesunden Pflanze. Da kann so mancher Sturm im Leben daherkommen und an unserem Glauben rütteln, er wird unser Vertrauen nicht ausreißen können. Denn Jesus ist der stärkste Freund, den man haben kann. Und er sorgt für uns so, wie ein guter Gärtner für seine Pflanzen sorgt. Seine Liebe ist der Dünger, durch den wir wachsen und blühen können. Er spricht mit uns, wenn wir beten oder in der Bibel lesen. Dass Jesus uns liebt, ist allein schon Grund genug, Gott von Herzen dankbar zu sein. Und genau das sollen wir auch tun. Wir sollen nicht aufhören zu danken. Und Grund genug haben wir ja: Gott ist bei dir und mir. Er verlässt uns nicht, und das bringt unser Leben zum Blühen.«

Liedvorschlag: Die Gott lieben, werden sein wie die Sonne

Teil

Begabungen

52 Mach was draus!

Biblischer Bezug: Dem einen wird vom Geist die Gabe geschenkt, Weisheit mitzuteilen, dem anderen durch den gleichen Geist die Gabe, Erkenntnis zu vermitteln, dem dritten im gleichen Geist Glaubenskraft, einem anderen – immer in dem einem Geist – die Gabe, Krankheiten zu heilen, einem anderen Wunderkräfte, einem anderen prophetisches Reden, einem anderen die Fähigkeit, die Geister zu unterscheiden, wieder einem anderen verschiedene Arten von Zungenrede, einem andern schließlich die Gabe sie zu deuten. (1. Korinther 12,8-10)

Zielgedanke: Gott hat jedem Begabungen gegeben, die er entdecken und einsetzen kann.

Material: eine Schneeflocke, aus Papier geschnitten

Du hältst die Schneeflocke in einer Tasche oder in einem Buch versteckt.

»Heute habe ich euch einen Riesen mitgebracht! Habt ihr schon einmal einen Riesen gesehen? Nein? Na, dann wird es ja Zeit! Also hier . . .« (Du ziehst langsam das weiße Papier hervor.) ». . . hier ist mein Riese! –

Ach, ihr meint, das sei kein Riese? Da habt ihr aber Unrecht. Denn seht, das soll eine Schneeflocke sein. Wisst ihr, wie groß Schneeflocken sind? –

Ganz winzig klein – genau! Und diese hier ist riesig groß, also ist sie ein Riese! Aber sie ist nur aus Papier, in Wirklichkeit hab ich auch noch nie so eine große Schneeflocke gesehen.

Mit Schnee lässt sich viel erleben! Freut ihr euch, wenn es schneit? Was macht ihr denn dann? –

Ja, Schnee kann viel Spaß machen. Aber sagt einmal, freuen sich alle Menschen, wenn es schneit? Wer freut sich denn nicht so? Und warum? –

War von euch schon jemand im Gebirge? Wisst ihr, was passieren kann, wenn es dort stark schneit? –

Ihr seht also, der Schnee kann viel Freude mit sich bringen aber auch viel Leid und Unglück.

Jeder von uns Menschen hat ganz besondere Gaben, Talente, und mit diesen Gaben kann er anderen Freude machen oder Kummer. So ähnlich wie eine Schneeflocke – nur: Schneeflocken fallen einfach vom Himmel. Sie wissen nicht, ob sie jemandem Freude oder Kummer machen. Wir Menschen wissen das meistens schon. Darum können wir auch entscheiden, ob wir aus unserem Talent etwas Gutes oder etwas Schlechtes machen. Soll ich euch ein Beispiel sagen?

Ein ›Dickkopf‹ oder ›Sturschädel‹ kann etwas Gutes, aber auch etwas Schlechtes sein – es kommt nur darauf an, was er daraus macht. Wenn ich immer nur an mich denke und überall meinen Willen durchsetzen möchte, ist das schlecht. Wenn ich mich aber für schwächere Menschen, die nicht so gut für sich kämpfen können, einsetze, dann kann ich auch als Dickkopf etwas sehr Gutes und Hilfreiches sein. Mit einem Dickkopf gibt man nicht so schnell auf, stimmt's?

Wollt ihr mir ein paar von euren Talenten und Gaben verraten? –

Wir alle können jeden Tag neu versuchen, unsere Gaben richtig einzusetzen. Darüber freuen sich Gott und sicher auch unsere Mitmenschen, die vielen Tiere, die Natur, die ganze Schöpfung Gottes.

Ich kenne jemanden, der ist krank und kann nicht so viel tun, weil er im Rollstuhl sitzt. Aber wisst ihr, was er besonders gut kann? – Klatschen und sich freuen, wenn er Musik hört! Dann strahlt er so, dass jeder, der ihn sieht, sich mitfreuen muss. Das sind, meine ich, doch zwei ganz tolle Gaben!

Wenn du noch nicht weißt, was für Talente du hast, brauchst du dir keine Sorgen zu machen. Du hast in deinem Leben noch genug Zeit, um das herauszufinden. Wenn du Gott bittest, hilft er dir auch dabei. Jeder von uns kann mithelfen, dass diese Welt eine bessere Welt wird. Denn jedem von uns hat Gott Gaben geschenkt.«

Liedvorschlag: Jesus sucht Leute am Markt und auf den Gassen

Das Puzzle

Biblischer Bezug: Denn wie der Leib eine Einheit ist, doch viele Glieder hat, alle Glieder des Leibes aber, obgleich es viele sind, einen einzigen Leib bilden: so ist es auch mit Christus. Durch den einen Geist wurden wir in der Taufe alle in einen einzigen Leib aufgenommen, Juden und Griechen, Sklaven und Freie; und alle wurden wir mit dem einen Geist getränkt. Auch der Leib besteht nicht nur aus einem Glied, sondern aus vielen Gliedern. (1. Korinther 12,12ff)

Zielgedanke: Am Leib Christi hat jeder seinen Platz und eine wichtige Aufgabe.

Material: ein einfaches Puzzle mit großen Teilen

»Wer von euch mag Puzzles? –
Ich hab euch eins mitgebracht.«

Du hältst ein Puzzleteil hoch und zeigst es.

»Könnt ihr schon erkennen, was für ein Puzzle das ist? Nein? Aber wieso denn nicht? –

Ach so, man braucht mehrere Teile, um das Bild erkennen zu können! Okay, hier ist noch ein Teil. Könnt ihr jetzt schon sehen, was das für ein Puzzle ist? Nein, noch nicht? Na gut, dann komm du, . . ., doch bitte her und hilf mir, alle Teile zusammenzusetzen.«

Du reichst ihm die Teile, das Kind fügt sie zusammen.

»Hast du jetzt alle Teile zusammengefügt? Fehlt wirklich keines? Dann kannst du mir sicher sagen, was das Puzzle darstellt.«

Allen Kindern wird das Bild gezeigt.

»Wenn ich dieses Teil jetzt herausnehme, stört das doch überhaupt nicht, oder? –

Aber man kann das Bild doch noch gut erkennen! – Und trotzdem stört es euch, dass dieses kleine Teilchen fehlt? –

Ja, ich muss euch Recht geben. Dieses Teil hier fehlt wirklich. Ohne dieses Puzzleteil ist das Bild unvollständig.

Sicher wisst ihr schon, dass es auf dieser Welt sehr viele Menschen gibt. Viele Menschen, sogar mehrere Milliarden. Sehr viele dieser Menschen glauben an Gott und haben ihn lieb. Jetzt stell dir vor, jeder von ihnen ist wie ein Puzzleteil, und alle Menschen, die an Gott glauben, ergeben zusammen ein ganzes Bild. Was bedeutet das für uns? –

Es bedeutet, dass jeder Einzelne von uns wichtig ist, so wie jeder Puzzlestein in einem Puzzle wichtig ist. Fehlt einer, leidet das ganze Bild darunter. Du bist wichtig. Jeder Mensch ist wichtig, egal, ob er gesund oder krank ist. Jeder von uns ist wie ein Puzzlestein und alle zusammen ergeben wir ein wunderbares Bild. Es ist zwar nicht ganz vollkommen, denn, schaut her, hier, wo die Puzzleteile zusammenstoßen, sind kleine Gräben oder Ritzen. Auch zwischen uns Menschen sind oft kleine, manchmal auch große Gräben, die uns voneinander trennen, obwohl wir eigentlich zu einander gehören. Später dann, wenn wir mit Gott im Himmel leben, dann wird das Bild vollkommen sein. Es wird keine Gräben mehr geben und nichts wird uns mehr von Gottes Liebe und von einander trennen. Unser Bild wird wunderbar sein. Wie dieses.«

Du zeigst die Abbildung des Bildes auf der Schachtel.

»So weit sind wir noch nicht. Aber wir dürfen jetzt schon wissen, dass jeder von uns wichtig ist und gebraucht wird. Auch du und du und du – wir alle! Gott selbst will dafür sorgen, dass auch du deinen Platz im Puzzle, in der großen Gemeinde Gottes in der ganzen Welt findest.«

Liedvorschlag: Nehmt einander an

Feuer fangen

Biblischer Bezug: Dient einander als gute Verwalter der vielfältigen Gnade Gottes, jeder mit der Gabe, die er empfangen hat. (1. Petrus 4,10)

Zielgedanke: Gott schenkt uns Kraft, einander zu dienen.

Material: eine große, brennende Kerze, mehrere kleine Kerzen

»Seht einmal diese schöne große Kerze an. Brennt sie nicht wunderschön? Hier habe ich noch ein paar kleine Kerzen mitgebracht. Aber die brennen nicht. Und Streichhhölzer oder Feuerzeug habe ich nicht dabei. Was soll ich denn tun, damit sie auch brennen? –

Ihr meint also, ich soll sie zur großen Kerze halten, dann fangen sie Feuer? Gut! Probieren wir es.«

(Du zündest eine Kerze nach der anderen an.)

»Ihr hattet Recht. Jetzt brennen sie alle.

Wir Menschen sind ja keine Kerzen, trotzdem brauchen wir auch etwas, wo wir uns die Kraft zum ›Brennen‹, zum Leben hernehmen können. Denn wenn ich nichts habe außer mich selbst, dann bin ich bald müde und schwach. Außerdem wird's langweilig und fad. Alle Leute nerven mich, und ich beginne immer gleich zu streiten. Vielleicht kennt ihr das auch. Wenn das so ist, dann ist das ein Zeichen dafür, dass uns die Kraft ausgeht. Aber woher können wir denn neue Kraft nehmen?

Jesus Christus hat uns versprochen, dass er uns alles geben

wird, was wir zum Leben brauchen. Wir brauchen ihn nur darum zu bitten. Er schenkt uns seine Kraft, wenn wir kraftlos, schwach und müde sind. Er schenkt uns Mut, wenn wir mutlos sind. Er freut sich mit uns, wenn wir glücklich sind. Er leidet mit uns, wenn wir traurig sind oder Schmerzen leiden. Er ist bei uns, wenn uns gar nichts freut, und er hilft uns, Schwierigkeiten zu überwinden. Jesus ist der Einzige, der Dinge und auch Menschen zum Guten verändern kann. Er ist für dich und mich stark, gerade auch wenn wir schwach sind oder uns so fühlen.

Von Jesus bekommen wir aber nicht nur die Kraft, die wir für unser Leben brauchen. Er schenkt uns den Heiligen Geist und damit auch Gaben, Begabungen, Kräfte, mit denen wir einander dienen können.

Was bedeutet denn ›dienen‹?

Jemandem ohne Eigennutz Gutes tun, jemandem eine Freude bereiten - macht das überhaupt Spaß? Wie kann man denn am besten helfen? Am besten so wie Superman, oder?

Superman gibt es nicht und wir brauchen ihn auch nicht, denn Gott hat das ganz klug eingerichtet mit uns Menschen. Jeder Dienst ist für ihn wertvoll. Es ist wertvoll, wenn du den Fußboden für jemanden sauber machst, der es selber nicht mehr kann, oder jemandem eine schwere Einkaufstasche tragen hilfst. Es ist wertvoll, wenn du im Kinderchor mitsingst oder jemanden anlächelst und freundlich bist. Es gibt viele Dienste. Wichtig ist nur, dass du herausfindest, womit du jemandem eine Freude bereiten kannst. Und wichtig ist, dass du Feuer fängst, dass du dein kleines Licht immer wieder an der großen Flamme entzündest.«

Liedvorschlag: Zünde an dein Feuer

Mit Herz

Biblischer Bezug: Wenn ich die Liebe nicht hätte, wäre ich ein dröhnendes Erz oder eine lärmende Pauke. Jetzt bleiben Glaube, Hoffnung, Liebe, diese drei; doch am größten unter ihnen ist die Liebe. (1. Korinther 13,1+13)

Zielgedanke: Alles steht und fällt mit unserem Motiv: Nur was wir aus Liebe tun, wird Bestand haben.

Material: ein Herz aus Papier oder aus Lebkuchenteig

»Heute habe ich euch ein Herz mitgebracht. Woran denkt man denn, wen man ein Herz sieht? –

Wem schenkt man ein Herz? –

Jemandem, den man lieb hat, denn das Herz ist ein Zeichen für die Liebe.

Hat euch schon einmal jemand gesagt, dass das Herz, also die Liebe, das Wichtigste ist, das uns von Gott geschenkt wurde?

Die Liebe ist das Wichtigste in unserem Leben. So sieht es Gott. Er möchte, dass wir uns seine Liebe schenken lassen und an andere weiterschenken. Das ist ja gar nichts Besonderes, denkt ihr euch vielleicht. Aber überlegt einmal: Wem schenken wir denn unsere Liebe? Wen habt ihr denn lieb? –

Schön, dass es so viele Menschen gibt, die ihr lieb habt. Aber Gott traut uns noch mehr zu: Er meint, dass es uns gelingen kann, nicht nur die lieb zu haben, die uns auch lieben.

Habt ihr schon einmal einen Obdachlosen oder einen Betrunkenen gesehen? Und habt ihr dann daran gedacht, dass er auch von Gott geschaffen wurde? Dass Gott auch diesen Menschen liebt? Daran denken sehr wenige Menschen. Aber für Gott ist es wichtig, dass wir daran denken. Für Gott ist es wichtig, dass wir nicht nur die Menschen lieb haben, die uns auch lieb haben. Gott sagt, dass die Liebe das wichtigste Geschenk ist, das er für uns hat. Schließlich hat er ja auch aus Liebe seinen Sohn Jesus geschickt. Und Jesus ist aus Liebe zu uns gestorben und wieder lebendig geworden. Die Dinge, die wir aus Liebe tun, zählen in Gottes Augen am meisten.

Liebe ist nichts, womit man angeben könnte. Wer liebt, steht nicht immer besonders toll da.

Aber Gott sagt, dass wir uns das sowieso sparen können. Er braucht keine Angeber. Er braucht Leute, die lieben können. Liebe hat am meisten Wert von allem, sagt er, und das, was wir aus Liebe tun, bleibt bestehen. Liebe ist die Gabe, ohne die alle Begabungen nutzlos sind. Ohne Liebe ist das Leben sinnlos, und wenn wir noch so tüchig sind. Ohne Liebe lebt man gar nicht richtig. Doch genau das möchte Gott: dass wir richtig leben, weil wir seine Liebe empfangen. So reichlich, dass wir sie einfach weitergeben müssen.«

Liedvorschlag: Seid fröhlich in der Hoffnung

BIBELSTELLENREGISTER

Sue Relf und Beate Hille

Bibel-Fix 1

99 Kinderandachten

144 Seiten, RBtaschenbuch, Bestell-Nr. 220 548

Instant-Produkte – ist das nicht was für Leute, die einfallslos und wahrscheinlich auch ein bisschen faul sind? Mag sein, zumindest, was das Kochen angeht. Doch wer kreativ ist, nimmt das Vorgefertigte als Grundstock für etwas Eigenes (in der Küche wie in der Jungschar oder bei der Familienfreizeit). Und manchmal fehlt einem ja nur der Einstieg, die spezielle Kleinigkeit, die aus einer »normalen« Andacht etwas Besonderes macht, oder eine originelle Veranschaulichung. Für solche Situationen ist dieses Buch geschrieben worden. Ein Ideenschatz, von dem man sich gerne auf die Sprünge helfen lässt.

Eine Ideen-Fundgrube für Kinderandachten – praktisch, pfiffig, theologisch durchdacht.

Sue Relf ist zusammen mit ihrem Mann seit vielen Jahren in der kirchlichen Kinder- und Jugendarbeit, in Schulen, Bibelgruppen und bei Freizeiten tätig. Sie hat zwei erwachsene Kinder und lebt in Eastbourne, Südengland.

Beate Hille ist Realschullehrerin in Stuttgart. Zuvor war sie eine Reihe von Jahren hauptamtlich in der Schülerarbeit der Studentenmission in Deutschland (SMD) tätig.

R. BROCKHAUS VERLAG WUPPERTAL

Susanne Richter

Herr von Knabberstein und andere tierisch gute Bibelgeschichten

Ein Praxisbuch für Schule und Kindergottesdienst

144 Seiten, ABCteam-Paperback, Bestell-Nr. 111 135

»Es ist angerichtet«, teilte Juppi, der Diener, seinem Herrn mit. Eine lange hölzerne Tafel mit feinsten Speisen prangte im festlich geschmückten Ballsaal. Das Mauseloch des Herrn von Knabberstein war das größte und prächtigste im ganzen weiten Orient . . .

»Die Geschichte kenn ich schon! Die hab ich schon oft gehört!«, wird hier wohl kein Kind rufen, denn die Autorin hat eine Art, biblische Geschichten aus ungewöhnlicher Perspektive zu erzählen, die selbst bibelfeste Erwachsene verblüfft und rätseln lässt.

Dreizehn alt- und neutestamentliche Geschichten werden hier aus der Perspektive von großen und kleinen Tieren neu erzählt. Jeder Geschichte folgt eine gründliche Ausarbeitung, die eine Menge praktischer Ideen enthält, einschließlich Bastel- und Kopiervorlagen, Rätseln, u.ä.
Ein Arbeitsbuch für Praktiker in der Schule und in vielen Zweigen der Gemeindearbeit.

Susanne Richter, geboren 1970, ist ausgebildete Grund- und Hauptschullehrerin. Neben ihrem Promotionsstudium an der Universität Lüneburg im Bereich Literaturwissenschaft unterrichtet sie zur Zeit Religion an einer Realschule.